大人の教養としての

ロシア王朝物語

あまおか けい

Amaoka Key

言視舎

まえがき

ＣＣＣＰ（Союз Советских Социалистических Республик：ソビエト社会主義共和国連邦１９２２‐１９９１）の時代から気になる国だった〝ロシア〟。アルファベットを裏返したようなキリル文字に数学の記号まで加わったようなロシア語も謎めいていて不思議だった。私が子どものころは冷戦時代真っ只中。ソビエトは軍事大国、怖い中央政府にＫＧＢと良いところナシの「悪の枢軸」扱いでした。おかげでスパイ小説は面白いものが多かったけど……。

そしてソビエトが崩壊してからもそのイメージはあまり変わらないまま、あいかわらず「悪者扱い」。3、4年前のワシントンのシンクタンク（Pew Research Center）の調査によると、ロシアとプーチン大統領に対する好感度と信頼度が低いのは、調査対象40カ国のうちポーランド、イスラエル、日本がベスト3だそう。歴史を振り返れば、その理由がわからないわけではありません。

ただソビエトの時代でも、文学や芸術で土台となった「帝政ロシア」に触れることはできました。「革命」を引き起こすほどに国民の不満が膨んでしまった「帝政」ではありましたが、文化的な貢献まで「ソビエト」のイメージで包まれてしまっていたのはとても残念なこと。そのロシアの「文化」を見直すことになったのは、敵国アメリカだったというのも皮肉といえば皮肉なことです。

後に登場する「ファベルジェ」の5大コレクターの一人インディア・アーリー・ミンシェル夫人が“The Story of my Russian Cabinet”に著しているのと同様に、私もロシアという国の歴史になぜか魅かれるのです。華麗で豪奢でありながら、陰謀と策略が陰のようにつきまとい哀愁ただようロマノフ朝。底抜けに明るいラテン文化とは異なる、「マイナー調」が独特の複雑さをもって迫ってくるように感じるのです。イデオロギーや駆け引きなどが錯綜する込み入った政治の世界は、とりあえず脇におくとして、帝政時代の「ロシア」には興味をかきたてる人物や逸話が満載です。

「ロシア知らないし……」と言われるばかりなので、「ちょっぴり反論してみようかな」という私なりのロマノフ朝ロシアの〝あらすじ〟はいかがでしょう。

目次

Ⅰ　ロシア入門

カフェ・プーシキン

２０１７年の末パリのマドレーヌ寺院脇に新しいカフェがオープンした。日本でもおなじみのFAUCHON（フォション）のお隣といってもよいほどのところ。このマドレーヌ広場には１９２８年創業のCAVIAR KASPIA（キャビア・カスピア）というキャビア料理専門店もあり、さらにLa Maison de la Truffe（メゾン・ド・ラ・トリュフ）と、Hediard（エディアール）、La Duree（ラデュレ）とカフェ・レストランが並ぶお洒落なお食事エリア。ここでなら世界三大珍味とされる、キャビア・トリュフ・フォアグラのすべてを堪能することだってできるのです。昼間は観光客、夜はお馴染みさんでいつも混んでいる賑やかなエリアです。

オープンしたのは、モスクワに本店を構えるKaфe“Пушкйнъ”（カフェ・プーシキン）。ロシアの詩人アレクサンドル・プーシキンの生誕２００年を記念して１９９９年にオープンし現在ではモスクワの名物スポットとなっているようです。パリに進出したのは２０１０年、Saint Germainに続きSentierというどちらかと言えば郊外にカフェをオープンしましたが、サンジェルマンのお店を閉めてマドレーヌへお引越ししてきました。デパートのプランタンの１階にはカフェが、パン、ピロシキ、ケーキなどを販売している“Pouchkinette”（プーシキネット）というイートイン・カフェが数件、ルーブル美術館地下のショッピングモールに小さいスペースながら綺麗に飾られたお菓子とマカロンを目にされ

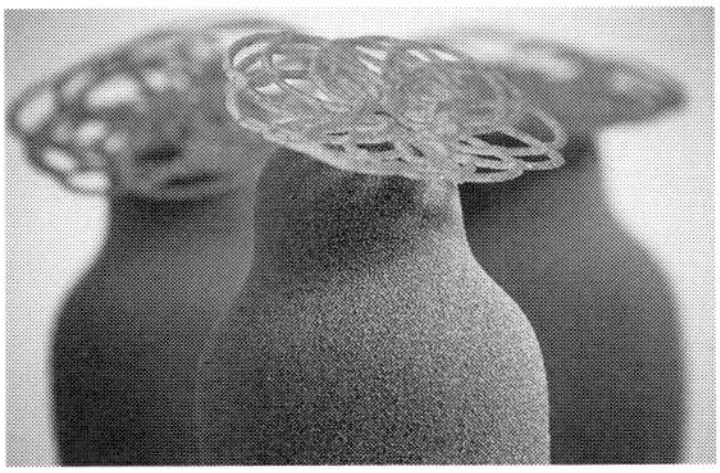

マトリョーシカをイメージさせるケーキ

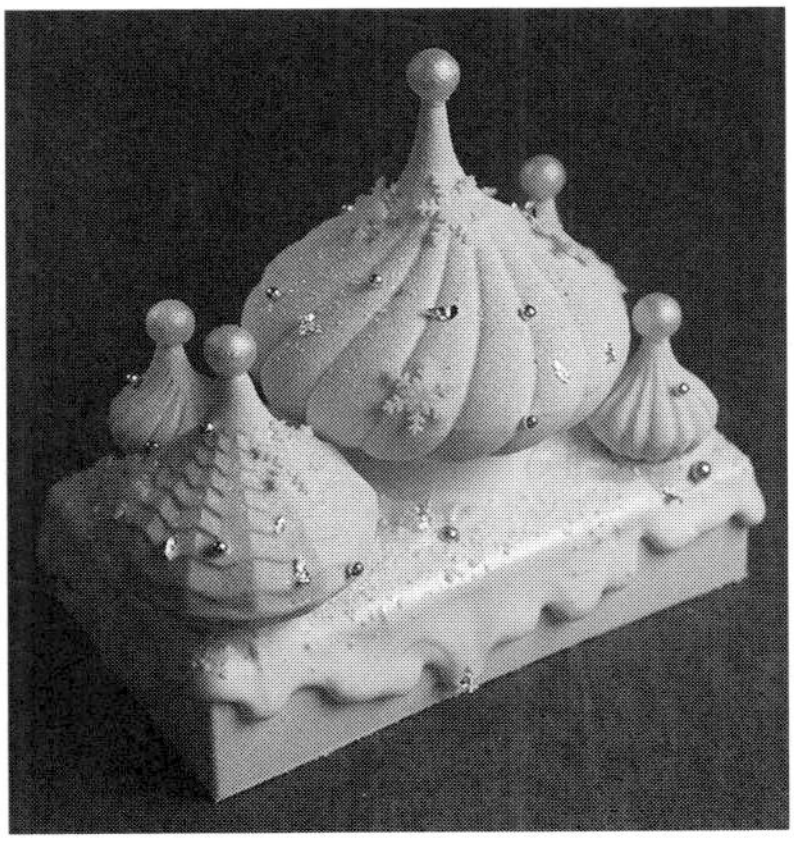

“ネギ坊主”のクリスマスケーキ

た方もいらっしゃるかもしれませんね。“Pouchkinette”というのは、例えば子供を呼ぶときに「ちゃん」づけをするようなもので「プーシキンちゃん」というようなもの。ごく当たり前のことですが、なんとも可愛らしい響きで親近感が湧いてきます。

「な〜んだ、カフェじゃない」と思われるかもしれませんが、ここのケーキがユニークでロシアらしいのです。いわゆる「ねぎ坊主」というロシア独特の聖堂の屋根の形や、おなじみのマトリョーシュカをイメージしたケーキとまさにコロンブスの卵的な発想で「ロシア」が表現されているのです。見た目だけではなく、お味もGoodなので観光客にも好評でけっこう混み合っています。トレンドに感度の高いニューヨークとロンドンにもお店をだすほど人気上昇中のカフェです。フランス人って結構ロシア好きですから、パリを拠点にしたのは大正解かもしれません。そういえば、この二つの国の国旗も似ているといえば似ています。

ところでフランスとロシアにはどのような関わりがあるのでしょうか？

1　そもそもロシアとは？

９世紀にできたキエフ公国はビザンツ帝国との交易を通じて繁栄、工業と商業が発展したノブゴロドが独立してノブゴロド公国となります。10世紀ウラジーミル１世の時代に最盛期を迎えるのですが、13世紀に入るとモンゴル族が侵入、キプチャク・ハンの支配下に入ります。モンゴル人に支配された「タタールのくびき」と呼ばれる時代です。

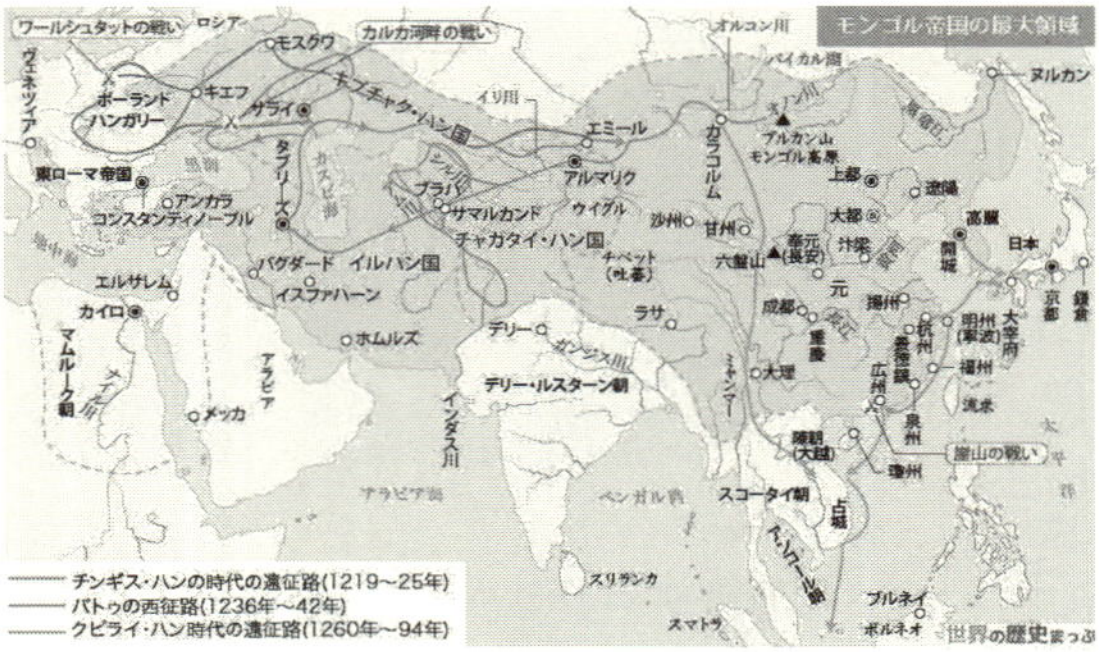

モンゴル帝国最大領域

２００年ほど続いたモンゴル支配に終止符を打ったのは１４８０年モスクワ大公国のイヴァン３世。力をつけ周辺諸国を併合し15世紀にキプチャク・ハンからの念願の独立を果たします。

さてこのイヴァン３世、１４５３年にオスマン・トルコ軍によって滅亡したビザンツ帝国最後の皇帝コンスタンティヌス11世の姪（弟ソマス皇子の娘）ソフィア（ゾーヤ・パレオローバ）を探し出し１４７２年に結婚。ビザンチンの後継者として「ツァーリ」（皇帝）を名乗りローマ、コンスタンティノープルを経たモスクワ（ビザンチン）の正統性を主張しました。ビザンチンのギリシャ正教は、同じカトリックでもローマ・カトリックと異なり「皇帝」が最高ですから、専制政治には都合がよかったというのも、理由の一つかも。

でもね、ビザンチン帝国の84人の皇帝のうち、目玉をくり抜かれたり毒殺されたり、斬首されたり、刺殺、絞殺、四肢切断、撲殺、生き埋め、餓死、八つ裂き……と28人の皇帝の亡くなりかたがなんとも悲惨。陰謀と奸計が渦巻く玉座……、凄まじい世界でした。ともかく、イヴァン3世はルーシ北東部をタタールのくびきから解放しただけではなく、モスクワ大公国の支配地域を東西に4倍に増やし強力な統一国家をつくりあげたのです。

イヴァン３世

彼の死後ヴァシーリ3世からイヴァン3世の孫イヴァン4世（雷帝）に引き継がれ16世紀になってからモスクワ大公国の支配領域が「ルーシの国」を意味する「ロシア」と呼ばれるようになったとされています。恐怖政治を推し進めたイヴァン4世の死後帝国内の争い、農民（農奴）の反乱、ポーランドの侵入と神聖ローマ帝国の「大空位時代」のような混乱が続きました。１６１３年外敵に対応しながら各地の貴族や有力者を集めた全国会議で、イヴァン4世の遠戚のミハイル・ロマノフが皇帝に選ばれます。その理由は彼がまだ若くひ弱そうだったので「未熟そうな彼ならどうにでもなる……」と有力者達が自己都合で支持したからでした。ところが大方の意に反して30年もツァーリの座に……。というのは、彼が帝位に就くと母のマルファが摂政となり、無理矢理修道僧にさせられて、僻地に閉じ込められていた父のフョードル・ロマノフ（出家したあとフィラレートと呼ばれる）が１６１９年にポーランドからロシアに戻り、息子（ツァーリ）と再会します。ここで息子と父の二頭政治が始まり、父のフィラレートは「灰色の枢機卿」として権力を行使するのですが、常に息子に敬意を表しサポート役に徹していたということです。

よくありがちな「俺が……」としゃしゃり出る父親にならなかったのは、僧としての修行や辛酸をなめた年月に鍛えられたものかもしれません。おかげで息子はこれまでのように目まぐるしいツァーリの交代もなく、大動乱の時代の戦争、紛争、内戦、混乱でズタボロになっていたロシアの秩序を回復させ統治に成功したのでした。以来300年続くロマノフ王朝の始祖ミハイルの玉座の背後にいたお父さん、評価してあげてください。

ところでフランスやヨーロッパとの関わりを知るには大雑把でもロシアの歴史を知っておく必要があると思うので、あと100年分ほどご辛抱ください。

ミハイルの後、アレクセイ、フョードル3世と国家の再建と失地回復に励みます。1670年には農奴制の強化に反対したステンカ・ラージンの反乱を鎮圧。

そしていよいよ評価が二分するピョートル1世（大帝）の登場です。

▼ピョートル大帝

1682年即位した時はわずか10歳、18日前に亡くなったフョードル3世は後継者を指名していませんでした。そのためクレムリンの貴族会議は10歳のピョートルを後継者に指名したのです。これが年上の異母姉妹ソフィア・アレクセーブナには気に入りませんでした。当時女性が皇帝になるなど不可能だったにもかかわらずです。彼女は弟（ピョートルにとって異母兄弟）のイヴァン（目が不自由で精神が不安定だったといわれます）にも継承権があるとして銃兵隊のストレリツィを買収してクーデターを起こしたのです。わずか10歳のピョートルの目の前で親戚や兵士が惨殺されるという事件が起きました。

しかし彼らはピョートルに手を出すことはできなかったのです。というのは議会が「皇帝」として指名した以上危害を加えることは「神」への冒瀆行為になるからです。

結局ピョートル1世とイヴァン5世の共同統治に落ち着き、ソフィアは後で操るようになったのです。ただこの事件はピョートルに「いかに親しく身近な人間でも必ずいつかは裏切るものだ」という教訓（というべきか？）を刻み込むことになりました。

このことが生涯ピョートルにつきまとう「怖れ」となり、後にピョートルが残酷な行動をとる大きな要因になっていったともいわれるのです。三つ子の魂百までということなんですね。

しっかりとした意見を持ち、好奇心旺盛で知識を吸収するのが大好きというピョートルはこの中途半端な状態に満足することはなく、イヴァン6世と摂政ソフィアにクレムリンを任せて自分はモスクワ郊外のプレオプラジェンスコエで暮らすようになります。クレムリンに戻るのは儀式の時だけでした。近くにある外国人居留地に出入りし、国際的な雰囲気の中で、外国人から軍事や国際的な知識を学んで過ごしていました。

7年が過ぎ、ピョートル1世はロシアをヨーロッパに肩を並べる先進国にするという目標を持ちました。広大な土地がありながら貧しいロシアに比べると、オランダは狭いうえに運河と水門しかないのになぜ豊かなのか？　当時オランダの民主主義は近代化の先頭に立っていたのですから、無理もないことなのですが……。当時のロシア帝国の人口は８００万、ロシア正教会が知識と学問を統制する

ピョートル大帝

世界でした。ロシアが数世紀も変わらないままの暮らしを繰り返している間に、ヨーロッパではルネサンス、宗教改革、15世紀中頃に始まる大航海と探検によって書き換えられた世界地図、続く科学の発達と世界は大きく様変わりしていたのです。宗教色が強く、ルネサンスのように宗教とは無関係の芸術や大学もないロシアは中世の世界に閉ざされたままだったのです。

　ピョートルには不思議に思えたヨーロッパの繁栄は、異文化交流による世界の拡がりや植民地の獲得、海外交易による利益がもたらしたものでした。政府から招聘されるか、自らの知識や技術などを売りこみにきた西洋文明の技術者や学者たちの集落である外国人居留地で過ごし、モスクワでは触れることのなかった習慣や考え方を体験するうちに、大きな違いを知ったピョートルは、いかにロシアが遅れているかを肌身で感じる毎日でした。正教会の影響が強いまま、暗く封建的なクレムリンとロシアの伝統的な生き方が大嫌いになっていったのです。

　１６８９年９月摂政のソフィアをノヴォデヴィチ女子修道院に幽閉し、その影響力を完全に削ぎました。国政を母とその一族に任せたピョートルは相変わらず外国人居留地を訪れ、軍事演習に熱中していたのです。１６９４年、母ナタリアが亡くなると親政を始めます。名目だけの共同統治者イヴァン５世が１６９６年に亡くなり、これまでのように窮屈な手かせ足かせのない単独統治が始まったのです。

▼ロシア帝国の成立

「ロシアを変える」と決意したピョートルは、海へ乗り出し広い世界が知りたくてたまりません。当時ロシア人と「水」の関わりと言えば、海ではなく河しかなかったのです。最新の帆船で海へ出たい……。湖で熱心に操船技術を磨くピョートルですが、港といえば年に数カ月はザンブリと打ち寄せる波がそのまま凍ってしまうようなアルハンゲリスクだけ。どうしても不凍港と海軍を手に入れたくなったというのも当然でしょう。

海軍創設に着手すると同時に、ドン河沿いに造船所をつくりわずか5カ月の間にガレー船、閉塞船（戦時などで自国の港湾や海域への船舶の出入りや通過を防ぐために沈められる船で、海上封鎖の手法のひとつ）、平底川船からなる１３００隻の艦隊をつくらせてしまいました。材料の調達、労働力の確保、さらには必要とされるスペースを考えると信じられないようなスケールで、ロシアツァーリの力の凄さには唖然とする以外ありません。「権力が強くなればなるほど、濫用のリスクは増す」ということ、権力者の皆様ぜひ肝に銘じておいてくださいませ。

１６９６年、自身もガレー船に乗船して戦ったピョートルはオスマントルコに勝利し念願のアゾフを手にいれました。……が、アゾフは黒海の内海、黒海の出口にはまだオスマントルコが立ちふさがっていました。これでは地中海に出ることなど不可能でした。ロシア単独での攻略は無理とふんだピョートルはさっさと外交政策に転換。このあたりの切り替えの早さで、柔軟な頭脳の持ち主だったことがわかります。

▼ピョートルのヨーロッパ視察

１６９７年3月から翌年9月まで２５０名からなる使節団を編成してオランダ、イギリス、フランスなどヨーロッパを歴訪、自らはミハイロフという偽名をつかって参加したのです。この行動に目くじらを立てたのは、当然のことながら教会と保守的な人々。「皇帝はモスクワを離れない」というのが伝統でしたから。一方で、閉鎖的で孤立主義そして外国人嫌いというモスクワの伝統を「自分が変える」というピョートルの決心は断固たるものだったのです。

ヨーロッパの新しい文化を学ぶという目的に加え、対オスマントルコの軍事同盟を呼びかける外交使節でもありました。ピョートルの使節団の話は、２００年近く経った１８７３年、不平等条約の改正交渉と西洋文明の調査を目的とした岩倉使節団と重なっているように思えてなりません。

当時ヨーロッパで栄えていたのは、フランス、イギリス、オランダの3カ国。人口はフランス、イギリス、オランダの順ですが、所得を比べるとオランダ、イギリス、フランスと入れ替わってしまうのです。その理由はというと、世界初の株式会社東インド会社を活用していたオランダがアジアとの交易によって効率的に稼いでいたからでした。農業国フランス、工業国イギリスより優っていたというわけ。

この事実を明確にしたのは統計学の始祖と言われるウィリアム・ペティというイギリス人。統計によって交易が儲かることがわかると、イギリスは重商主義へと転換、世界の海に乗り出して貿易による「大英帝国」を実現させたというわけです。のちに活躍する白衣の天使ナイチンゲールも統計の大家でした。クリミア戦争中の看護で、病院で亡くなる兵士の多くは負傷ではなく、病院の不衛生な環境による感染症が原因であると気づいたのです。そのため衛生環境を徹底させたところ、1855年3月の死亡率が42％であったのに対し4月には14・5％、5月にはなんと5％と劇的に減少したのです。

統計は国家でもビジネスでも基礎となる重要なもの。政府の赤字を過小評価していた「ギリシャ危機」のように国家を左右するもの、いい加減な作業は重大な国家の損失になるという良い例ですね。

岩倉使節団の功績はともかくとして、ピョートルの視察の成果は？

当時ユーラシア大陸の端にある遅れた国『眠れる獅子』と見なされていたロシアの軍事同盟の呼びかけなんぞに応じる国はありませんでしたが、外国文化の吸収に励むピョートルは、オランダの東インド会社所有の造船所で働き造船技術を熱心に修業します。働いていたのはロシアが発注した軍艦の建造工場だったというのですから、もしかしたらロシア海軍はピョートルの造った（？）船で戦ったのかもしれません。イギリスの王立海軍造船所でも一舟大工としてハンマーをふるい、設計図まで描いていたミハイロフことピョートル1世は「王様の船大工」と呼ばれていました。いくら身分を隠していても2mを超える大男、しかも自分が大男であることを強調するかのように小柄な家来を選んでいたというのですから、その正体はバレバレ。端正な顔立ちで美男といえば美男かな？

ヨーロッパ各国では「ロシアツァーリが訪問中」というのは衆知の事実だったのです。

彼が偽名を使った理由として、公的にはモスクワを離れていないと思わせること、そして何より煩雑で面倒な宮廷儀礼から離れて自由に行動するためでした。

面倒な儀礼と作法で時間を潰すのはもったいなかったのでしょうね。

工場、博物館、病院、印刷所、学校……、鋭い頭脳で知識欲旺盛なピョートルはあらゆるものを貪欲に吸収していました。ロシアの近代化を実現するために。

ピョートルを特に驚かせた分野に歯科治療、外科手術、人体解剖が挙げられます。

中でも興味を示したのが歯の治療。「虫歯を抜く」という治療法があるのかと気づかされたピョートルは簡単な手ほどきを受けると、抜歯器具を買い込みます。道具というものは、持てば実際に使いたくなるもの……。もうおわかりですよね？　虫歯の家臣を探し、虫歯があると聞くと自身で抜いてあげた（?）というのですから、家臣にしては迷惑だったことでしょう。うっかり「歯が痛い」なんて言おうものなら、喜々として「そこにお座り」なんて言っていたのかも。あ～コワ。

プロイセンのケーニヒスベルク、ザクソンのドレスデン、オーストリアのウィーンも訪れて、イングランド王兼オランダ総督ウィリアム3世、神聖ローマ帝国レオポルト1世と会談するなど精力的に活動していたのですが、これからベネチアに向かうというところにモスクワでストレリツィ（銃兵隊）が蜂起したとの報せが入り、急遽モスクワに引きかえすことになりました。

はなから外遊に反対だった教会、皇帝の長い海外豪遊に嫌気がさした貴族、ストレリツィの不満は頂点に達していたようです。道中では10歳の時のクーデターの光景を思い出してしまったピョートルは、古い慣習は一掃するという決意を一層固いものにしていました。

歯向かう者はどうなるかを思い知らせるための見せしめとして１２００人以上の兵士が投獄され処刑されました。ピョートルが直接手を下したこともあったといわれています。通常君主は処分を命令したとしても自分で実行することはないのですが……。よほど腹にすえかねたのでしょうね。

邪魔者に対する容赦のなさは、なんだか比叡山を焼き討ちした信長を思い起こさせます。真に怒り心頭だったということが、よくわかります。

俺の邪魔をする奴は絶対に許さないという冷徹な厳しさは古い時代を一新しようとする権力者に必要なのかもしれません。こういうタイプのボスとは共鳴できればお互いの信頼で強い絆ができるものですが、そうでないといつでもビクビクしていなければならず恐ろしい存在になるものです。

途中ポーランドに立ち寄りアウグスト2世と会談。この会談で外交政策を対オスマントルコからスウェーデンに変更、バルト海への出口を求めてポーランド及びデンマーク＝ノルウェーとスウェーデン攻略に向けて準備を整えることになるのです。

▼ピョートルの改革

改革政策に着手したピョートルは古い伝統を一掃し、すべてをヨーロッパ風に変えようとします。まずはヒゲ。イヴァン雷帝の時代に「あご髭」を生やしていない男性は異端者とされましたが、ピョートルは「あご髭」は無教養な田舎者とみなしました。貴族達の髭を剃らせ、古くさい帽子を禁止、高貴な身分の象徴である上着の長い裾は短くさせ、ヨーロッパ風の服装をさせたのです。ともかく外見を変えることで過去の歴史を断ち切ることに専心したのでした（維新の時の日本でも同じようなことが……）。

ヨーロッパの女性に比べて地味で古風な妻のエウドキアも、修道院に追放。「尼寺へ行け」というのはまるでハムレット。

長男のアレクセイは手許に置いて軍事訓練など後継者としての教育を施そうとするのですが、保守的な母に育てられた息子は古き良きモスクワを懐かしみ、改革を快く受け止めてはいなかったのです。アレクセイは生涯ピョートルのアキレス腱であり続けました。

ヨーロッパへの道（海）を模索するピョートルにとってもうひとつの可能性はバルト海。ここは当時スウェーデンの領土でした。支配権をめぐるスウェーデンとの戦いの詳細は省きますが、１７００年に始まり双方とも優位に立ったり劣勢になったりを繰り返して１７２１年にニスタットで講和条約を締結。じつに21年の間断続的に続いた北方戦争の結果、ロシアはバルト海に念願の領土を手にすることになりました。開戦当初スウェーデンのカール12世は王になりたての15歳。「王といっても若くて未熟だから、軍も士気が上がらないだろう」というピョートルの予想は大外れ、若くてもカール12世は「軍事の天才」だったのですから。以来宿敵となる2人です。このカール12世、若さのゆえでしょうか、最初のナルバの戦いでピョートルをコテンパンにしたことから、「ロシア恐るるにたらず」と10年もの間ロシアから目を離しデンマークに集中していたのです。この間ピョートルは軍の刷新に心血を注ぎ最終的に目的を遂げたというわけです。何事も諦めてはダメだし、油断は大敵ということですね。

▼ピョートル念願のヨーロッパへの扉

短気な性格だったといわれるピョートルは１７０３年に陥落させたニエンシャンツの要塞を足がかりに６㎞ほど離れたウサギ島に要塞を建設することに。

１７０５年５月に着工開始。何事も自分が率先して実行するお人でしたから、ウサギ島の前の川岸に専用の住居を建てさせました。松の丸太でつくられた「ピョートルの小屋」。皇帝の寝起きする場所としては質素この上ない小さな家の建設に要したのは3日間だったとか（まるで秀吉の一夜城みたい）。

ニエンシャンツ要塞には新たな要塞を建設、ピョートルはこの要塞を自身の守護聖人の名ペテロにちなみサンクトペテルブルクと名付けました（もしかしたら自分の名をつけたつもりだったかも？）。

目の前に広がる大海原、ヨーロッパへの開かれた扉となるこの地に新たな都市を建設するのです。しかしここはネヴァ川、スウェーデン語の名前が表わすようにネヴァ（泥）、つまり沼沢地です。地盤が弱い上に洪水も頻発、都市を建設するには文字通り足元をしっかり固めなければなりません。そこで先ず木製の杭を打込みその上に石を敷き詰めて土台としたのです。これ水の都ヴェニスの建造法と同じようなものでしょう。環境としては不適切なんて理由は、ピョートルの野心に何の影響も与えません。１７０４年着工、ロシア全土から毎年４万人の労働者を徴集する命令を発し労働力を確保。現場では重労働の上に食料不足、さらに栄養失調のため壊血病や赤痢で死亡者続出。はっきりとした死者の数は不明ですが、当時のヨーロッパの外交官の記録によると「今まで行なわれたいかなる戦争もこれほどの人数は殺していない」ということで、10万人どころか20万人ともいわれるのですが……。掘り出した土よりもうず高く積まれたのは死体の山だったとか。

工事用具や物資も不足という過酷すぎる環境で、唯一十分だったのはピョートルの権力でした。あまりの酷さに逃げ出すと、捕まって鼻を削ぎ落されるかシベリアへ送られて強制労働。何かあると

ひげ刈りの諷刺図

シベリア送りにしちゃうのはロシアの伝統なんでしょうか?

敷石として大量の石が必要でしたが、これも不足。で、ピョートルの対策は、ペテルブルク以外の都市での石の使用を禁止! ネヴァの港に寄港するすべての船は切り石を最低30個積んでくること、陸路の馬車は敷石3枚以上を積んでくることを義務づけたのです。守らない者は、錨をおろさせない(つまり停泊させない)か、町には「入れたらいかんぞ!」とこれも強権を発動しています。とにかくなんでも自分でやるというピョートルの陣頭指揮ですから否応なしでした。

北方戦争のための新兵採用、訓練、技術強化、武器の導入といった軍事費に加え、新都建設の経費と支出は増大。建設費は、一体いくらかかったものやら……。こういう国家事業が実施された場合、いつでもどこでも為政者の考えることは同じということで、税金の徴収です。

人頭税、土地税、桝目税、新炭税、煙突税、口髭・あご髭税、大鎌税、風呂桶税、塩税、酒税、きゅうり税、胡桃税とブーツ税なんでもかんでも片っ端から課税……、まあ消費税みたいなものか? あげくの果てに、結婚、出産に棺桶まで課税されたというから生きるのは本当に大変だったでしょう。何にでも税金をというと我が日本で思い浮かぶのが、足利義政の奥方日野富子。幕府の財政は逼迫していて、夫の趣味というか道楽というか銀閣寺に貼るはずの銀箔も買えないほどだったことから、街道を封鎖して収入源の関所を増設。20㎞ほどの間になんと60カ所も。戦の際、武器や食料を運ぶのに不便と武士は関所の廃止に向かいますが、これをぜーんぶ廃止して楽市楽座を設けたのが織田信長でした。

▼ピョートルの時代に強化されたという農奴制

農奴は領主にとっては所有物でした。特定の土地に縛られ領主から過酷な労働を強いられていました。17世紀には農奴の売買が認められていたというほど、奴隷ともいえる階級でした。農奴よりは待遇がマシな農民もいましたが、国民の半分は農奴だったとか。1861年農奴制が廃止された時のロシアの人口はおよそ6300万、そのうち4600万人が農奴だったといわれています。ロシアの資源のすべてを注ぎ込んでも軍備を再編すると言ったピョートルいうところの「資源」はどうやら労働力、つまり豊富な資源は「人間」だったようで、労働力と重税という形で絞れるだけ絞ったということでしょう。当然国民は不満の声をあげたのですが……。

国民からみればピョートルの標榜する近代化は陸軍の刷新と海へ乗り出す海軍の創設、貴族階級の西欧化という限定的なものでしかなかったのです。下々にしてみればたまったものではありませんね。

▼サンクトペテルブルクへの遷都

さて、カトリックでは聖人の暦つまりカレンダーがありまして、日によって守護聖人が変わります。また聖人が複数という日もあります。そのためピョートルの誕生日にはペテロとパウロという2人の守護聖人がおられます。サンクトペテルブルクに続いて、パウロにちなんだペテロパブロフスク聖堂も建設。しだいに要塞もペテロパブロフスク要塞と呼ばれるようになり、サンクトペテルブルクは少しずつ人々が移り棲む集落となっていきました。

国際都市にふさわしい建築をと、ピョートルはヨーロッパから多勢の設計士や建築士を招き、教会、修道院、大臣達の住まいや元老院、宿泊施設などを次々と建設していきます。でも都市には「住民」が必要です。ここでまた強権発動、大貴族や裕福な商人、職人を半ば強制的に移住させ都としての体裁をととのえたのです。そして着工から10年後の1714年、大嫌いだったモスクワからサンクトペテルブルクにめでたく遷都となりました（なんだか平清盛の福原遷都みたいですが、ピョートルはここで頑張り通しました）。

念願の港を手にしたピョートルは、彼が憧れていたオランダのように交易による富を手にすることができるのでしょうか？


1714年の人口は3万4000人、10年後にはその倍の7万人と彼の計画は着々と実を結んでいきました。気張っているピョートルが「皇帝」と称しビザンチンの後継者といっても、西ヨーロッパにしてみれば、統一されてもいないロシアは単なる一地方の大公にしかすぎません。所詮は「モスクワ・ツァーリ」にすぎなかった称号を1721年「ツァーリ」に変更。一地方ではなく、ロシア全土の統治者として、ヨーロッパに認めさせようしたのでした。

始皇帝ならぬ始ツァーリというところでしょうか。ピョートルが「大帝」と呼ばれる所以です。

こうなるとヨーロッパ各国も「ロシア帝国」を認めざるを得なくなってきます。そこでピョートルの更なるオシの一手。遷都の翌年1715年、新たな宮殿の建設にとりかかります。言うまでもなく労働力たる農奴や国民には新たな災難でした。フィンランド湾に面したペトロドヴォレツォヴヌイの丘陵地に1000ヘクタールの庭、150の噴水を配した「ペテルゴフ」ドイツ語でペトロの（ピョートル）の邸宅という夏の宮殿です。

当時流行していた噴水は、あのヴェルサイユでさえ配水の関係で「噴水」の実施時間には制限があったのですが、ピョートルは地形を利用し、豊富な水量を大小18の貯水池、22カ所の堰を設けて何時でも楽しめる噴水を実現させてしまったのです（どうだ、参ったか！　ピョートルの得意な気持ちが伝わってくるようです）。

地下にある無数の歯車、配水管、水車を使って「噴水」を堪能できるのですが、これを動かすのは言うまでもなく「人力」でした。

遊歩道の途中で突然降り注ぐ噴水や、ふんだんに果物が盛られたプレートから「ひとつ戴きます」と果物を取るとテーブルの噴水から勢い良く水が、またベンチの後や花や樹から吹き上がるイタズラ噴水……。「サプライズ」が大好きだったというピョートルの遊び心が現れていて、当時招待された外国の貴族達は上品さで隠していたことでしょうが、さぞかし度肝をぬかれたに違いありません。

自然は征服するべきものという西欧的思考のせいなのか、「水」をコントロールすることは自然に対する人間の勝利と考えられていたようです。自然エネルギーを活用した18世紀の土木技術、凄いですね。

フランスやイタリアから技師を招き、当時の流行をすべて取り入れた〝ファッショナブルさ〟でヨーロッパの縮図としてのロシアを印象づけることに成功したのです。

「美」とは調和とハーモニーが重視されていた時代のこと、とんだぶっ飛びぶりに思えますがここに招待されたヨーロッパの要人は「おお、これは我が国の○○」「こちらは貴国の○○のようですなぁ」

と心を動かされたことでしょう。

大小11の宮殿、150もの噴水と豊富な水、古代ローマやギリシャを彷彿とさせる洞窟のグロッタ(グロテスクという言葉の語源はこのグロッタです)。財力と権力の象徴でもあった中国や日本の見事な陶器類や装飾品の数々。さしものヨーロッパ各国もまるでテーマパークのような「ペテルゴフ」を体験したことで〝帝国としてのロシア〟を強く意識せざるを得ませんでした。


ロシアの近代化を断行し、ヨーロッパに肩を並べる「帝国」に一代で変貌させたピョートルの功績はロシアを組織だった国家として立て直し、領土を拡大、造船技術を飛躍的に進歩させました。産業と教育を奨励し行政機構を刷新、徴兵制による軍隊の強化、ロシア文字の簡素化、アラビア数字の導入、学校の設立、科学アカデミーの創設など国内の近代化を飛躍的に推進するなど信じ難いもので「建国の父」とされるのも納得です。ロマノフ王朝を倒したレーニンもピョートル大帝だけは認めていたといわれるほどの傑物なんですが……。


前述したように評価が二分するというのは、彼の短気で残酷な面を無視することはできないからです。西欧化に反対する保守的な勢力や人物は一掃し、貴族や教会に対しては「ツァーリ」と国家への絶対的な従属を要求していました。

邪魔者は消す……、手っ取り早い方法ですよね。タレーランは「暗殺とはもっともよくロシアで用いられる免職方法」と評したほどなので、敵を黙らせる効果は絶大でした。

都市や宮殿の建設、軍備などの費用を捻出するための重税。徴収する側にとって効率の良い人頭税などはドン・コサックや農民の反乱を頻発させましたし、代替のきく「労働力」である民衆が酷い目に遭っていたことは事実なのですから。

程度の差はあるにせよ、いつの時代も割りを食うのは一般民衆ということに変わりはないということですかねぇ。

▼「ワシの後を継ぐのは？」

ロシアに新しい勢力が生まれたことをヨーロッパに認めさせたピョートルの次なる目標は「後継者の育成」でした。長男のアレクセイは保守的で伝統を重んじる母エウドキアに育てられたため、近代化より閉鎖的なモスクワを懐かしみ政治や軍事には興味を示さずひたすら信心深いだけという皇太子。軍事教育に熱心な父とは正反対でソリが合いません。おまけに自分が継いだらモスクワ時代に戻すなどと言い出す始末。とりあえずヨーロッパから嫁をとオーストリア（ハプスブルク）とイギリスの王族につながる一族のシャルロッテ・クリスティーネ・フォン・ブラウンシュヴァイク＝ヴォルフェンビュッテル（名前からもなんだかスゴイお家柄と想像できますね）と結婚させました。

これによってオーストリアとイギリスと同盟を結んだことになるという政略結婚でもありました。

息子の結婚と前後して1712年ピョートル自身も正式に再婚、以前から野営地で立ち働いていた農家の娘マルタ・スカヴロンスカヤと再婚します。

修道院に幽閉されている実の母エウドキアを敬愛するアレクセイには受け入れ難いことでしたから、ますます父親に反発します。息子の反抗はともかく、冷静で沈着なマルタは、カッカしやすいピョートルと相性は良かったようで、呼ばれれば気軽に戦地までホイホイと出かけピョートルの面倒を見ていました。ロシア正教に改宗したマルタは、エカチェリーナと名乗ります（凄腕エカチェリーナ女帝は2世ですから、別人ですよ)。

1715年シャルロッテが男の子を出産、後にピョートル2世となるピョートル・ペドロヴィッチです。なんとその3週間後、エカチェリーナ1世も男児(ピョートル・ミハイロヴィッチ)を出産しますが、3歳で亡くなってしまいます。もし存命であれば、後継者問題のややこしさに拍車がかかっていたことでしょう。

ピョートルとエカチェリーナ1世の間には12人の子供が生まれますが、無事に成長したのはアンナ・ペトロヴナとエリザヴェータ・ペトロヴナの2人だけでした。蛇足ながらアンナやエリザヴェータという名前の後のペトロヴナというのは父親の名にちなんだもの。男の子だったらペトロヴィッチとなるわけです。この父称が出自の正当性を表すものなので、父称のない非嫡出子は肩身の狭いものでした。

しかし12人も……、オーストリアのマリア・テレジアの16人は負けるけど……凄い。

出産後にシャルロッテが亡くなり、アレクセイは愛人エフロシニアとただ静かに暮らしたいと願うばかりですが、相変わらずピョートルは態度を改め後継者としてふさわしくなれと圧力をかけ続けます。「修道院に入る」とまで言い出してはみたものの、煮え切らない態度でグズグズしていたアレクセイはピョートルが2度目のヨーロッパ外遊に出かけた隙に、なんと愛人との逃亡を決行。ウィーンに向かったのです。神聖ローマ帝国カール6世は亡くなった妻シャルロッテの兄なのです。義弟が愛人を連れて押しかけてきたのには驚いたカールでしたが、とりあえず2人を匿うしかありませんでした。しかし人の口に扉を立てられないのは世の常でして、ピョートルが訪れる先々で「息子の逃避行」は皆の知るところとなります。

「ツァーリは自分の息子も管理できない」という噂は拡がり、ピョートルは大恥をかかされることになりました。生来短気な彼のこと、道中はらわたが煮えくり返る思いだったでしょう。帰国したピョートルは皇太子ともあろうものが他国に庇護を求めるなどは、国家反逆罪に値すると大激怒。なんとしても息子を探し出そうとオーストリアに引渡しを要求し、信頼する策謀家ピョートル・トルストイ（文豪レフ・トルストイのご先祖様だそうですよ）を密使として派遣します。

辣腕トルストイ氏はオーストリアの廷臣を買収するなどして、最終的に2人を見つけ出したのはナポリでした。「父親に何を言われても決してロシアに戻ってはいけないよ」逃避行に手を貸した友人達の忠告にもかかわらず、トルストイ氏の説得というか口車に乗ってしまったアレクセイはロシアに戻ることにしたのです。1718年すごすごとロシアに戻ったアレクセイとの面会の場所をクレムリンとしたのは、息子が安心というか油断する場所としたピョートルの策略だったのではないかと言われています。

「身近な者でもいつか必ず裏切る」という怖れを抱いていたピョートルですから、息子にも容赦はありません。なにしろ息子は皇位を継いだら心血を注いできたサンクトペテルブルクを破壊するとまで言い出す始末なのですから。皇位継承権を放棄させるだけでよいのだろうか……。アレクセイの周囲には、急激な近代化に反感を持つ貴族、聖職者、農民などが集まり無視できない勢力となっていました。アレクセイはあれこれと言い訳をし、罪を側近になすりつけようとするばかり。その事態を打開する決定的な一言が命を惜しんだ愛人のエフロシニアから。外国の軍隊の力を借りて父親を政権の座から引きずり下ろす計画があったと証言し、アレクセイも最終的にそれを認めたのです。その外国の中には宿敵スウェーデンまで。疑ってはいたものの確信がもてなかったピョートルでしたが、事ここに至っては逃亡に手を貸した者、逆らう可能性のある者、また逆らった者は親族を含めて厳しく処断し一掃してしまいました。

1718年6月19日アレクセイはペテロパブロフスク監獄に送られます。要塞として建てられたペテロパブロフスクは監獄としても使われ、20世紀に入った1927年に廃止されるまで一度ぶち込まれたら決して出られない監獄として「恐怖」の代名詞にまでなりました。国家反逆罪で死刑を宣告されたアレクセイをピョートルは拷問にもかけていたようで、1度に25回のムチ打ちを命じています。インディ・ジョーンズが振り回しているよりも太いムチで25回なんて……、想像するだけでも痛くて死にそうです。2度目のムチ打ちの後6月26日、アレクセイは獄死しました。アレクセイに手を貸したかもしれないオーストリアやスウェーデンは、「アレクセイには一国を支配し軍隊を指揮するだけの知力も勇気もない」と評価していてロシアを手中に収めることを目論んでいたのですから、もし蜂起したとしてもどうなっていたことやら。

歴代皇帝の中でも並外れた好奇心を持ち精力的で積極果敢、勇猛な支配者であったピョートルは、1724年11月ネヴァ川の河口に乗り上げた船の乗員の救出に自ら参加、ロシアの厳しい冬の極寒の海に入ったことから体調を崩し翌年1月28日肺炎により逝去。想像もつかないほど波瀾万丈の53年の生涯でした。

国民に尽くし国民に敬愛されるツァーリであろうとしたピョートル大帝、国民の誰も急激な改革を望んでいないということにまで気はまわらなかったようです。国民に愛される皇帝であろうとしたピョートル大帝は、工事や造船には大枚をはたきはしましたが、自身は節制の人でした。贅沢や豪華さ、使用人の数などには無頓着で食事も酸味のあるキャベツのスープ、ストウジェニという煮こごり（わざわざ作らなくても、煮物なら寒くて凍ってしまうのかもしれません）、お粥、塩漬けの胡瓜やレモンを添えた焼き肉、ハム、魚は苦手だったのか一切口にしなかったようです。大好物はリンバーガーというベルギー原産のチーズ。このチーズの臭さは半端じゃなく、世界の臭い食べ物ベストテン入りをしたこともあるほど。なんでも２００６年にはオランダの研究者が「マラリアを媒介するカンビアハマダラ蚊のメスは、リンバーガー・チーズと人間の足の臭いに等しく惹きつけられる」ことを証明しイグノーベル賞を受賞したという代物です。日本ではなかなか目にすることのないチーズですが、ベルギー付近で目にしたらお試しください。ピョートル大帝の大好物だったというのですから、食事を一緒にした人達の中には「たまらんぜ」ということもあったでしょうね。

参考までに

▼世界の臭い食べ物ベスト10

1. シュールストレミング　スウェーデンの塩漬けニシンの缶詰
2. ホンオフェ　韓国、ガンギエイの刺身や切り身を発酵させたもの
3. エピキュアチーズ　缶詰の中で熟成させるニュージーランドのチーズ
4. キビヤック　アザラシのお腹に海鳥を詰めて地中で発酵させる

5. くさや　お馴染みの干物、ここでは焼きたてのもの
6. 鮒寿司　滋賀県の郷土料理、フナを使った発酵食品
7. 納豆
8. くさや　干物の状態で
9. 沢庵
10. 臭豆腐　中国、台湾で豆腐を発酵液につけた加工食品

ちなみに臭いから不味いというわけではありませんので、間違えないでね。

それにしても、ペテルゴフで「水」をコントロールしたピョートルが「水」によって生涯を終えたのは皮肉としか思えません。自然を侮ってはイケナイということでしょうね。

ピョートルが名付けたサンクトペテルブルク「聖ペトロの街」は、1914年第一次世界大戦が始まるとロシア風にペトログラードと改名され、ソビエト連邦成立後の1924年レーニンにちなんだレニングラードとなります。そして ソ連崩壊……1991年住民投票によって再び「サンクトペルブルク」に戻りました。

もしこの2人が天国で顔を合わせたら、ピョートルは「結局、私の勝ちというところかね」なんて話しているかもしれませんね。

「玉座の革命家」「凶暴な専制君主」……。いずれにしても並外れた人物で現在のロシアの土台を築いたことは否定できないこと。ヨーロッパ化を激しく推進したピョートルは貴族達の子弟をヨーロッパに留学させてもいました。

その結果18世紀の宮廷の集まりではロシア語ではなくヨーロッパの言語で会話がなされていたといいます。中でも最も上品で高尚とされたのがフランス語でした。フランス語はルイ13世の時代（1365年）に宰相リシュリューがアカデミー・フランセーズを創立。言葉を整理し、ルールをつくったため世界で最初に統一基準をもった言語となっていました。この結果フランス語は、ラテン語に代わる国際言語となったわけです。

ペテルブルクの社交界の女王、アンナ・シェーレルのサロンでの会話で始まるトルストイの『戦争と平和』。原語だと冒頭の半分はフランス語で書かれているそうです（残念ながら原書に手を出したことがないので……）。これは19世紀初頭の貴族社会を描写したものですから、いかにフランス語が（貴族の間に）浸透していたかをうかがわせるというものでしょう。

そして1789年のフランス革命、多くの貴族が反乱や暴動から逃れるためロシアをはじめとしたヨーロッパに亡命しました。ロシアにはエミグレと呼ばれた亡命者が1万5000人。当時ロシアのツァーリは後述するエカチェリーナ2世。革命とか革新を警戒していた彼女は王党派を受け入れ、宮廷で採用したりもしたのです。生活のため裕福なロシア貴族の子弟達の家庭教師を務めるフランス貴族も多かったといわれますが、これもフランス語の普及に拍車をかけました。フランスの影響は文化を豊かにし、ロシア語を高貴なものにするとさえ考えられていたようです。

フランスのものなら何でもありがたがる、そういえばどこかの国でも同じようなことが起きていたような……。

そのロシアでフランス熱が冷めたのは、ナポレオンが登場してロシアにチョッカイを出し始めてから。母国語であるロシア語よりフランス語が堪能な貴族の子弟達が地方に駐屯すると周囲はフランス語なんてまったくわからない農民ばかり、ロシア語が下手だと「敵だ」と思われ襲われることもあったとか。生命にかかわることですから、フランス語なぞ喋っている場合ではありません。フランス贔屓から正気に戻ったことで母国語の衰退をまぬがれたというわけです。

フランスの繁栄期をもたらしたルイ14世、その絶頂期を目の当たりにしたであろうピョートルが「お手本」にしたのは当然の成り行きだったかもしれません。

ロシア連邦の大統領ウラジーミル・プーチンは、ピョートル大帝をとても尊敬していて執務室に肖像画を飾っているそうです。僭越ながらそのお気持ち、わかるような気がします。ちなみにVladimir（ウラジーミル）は、Vladyka + Miraで〝世界の支配者〟という意味になるそうで、スラブ語で「高貴」を表す名前としてロシアでは古くから貴族の男性の間で人気が高いとのこと。ウラジーミル・レーニン、ウラジーミル・プーチン……、「世界の支配者」、何だか意味深ではありませんか。

2 ピョートルの死後

1712年あたりから有力貴族がアレクセイの息子ピョートル・アレクセイヴィッチを後継に担ぎ

出そうと動き出していました。新興勢力と近衛兵が押さえた元老院の力を借り、ピョートルが亡くなったその日（１７２５年1月28日）に妻のエカチェリーナが女帝として即位（農民出身のたくましい女性のほうです）。彼女の治世は2年ほどで、目立った功績はありませんが、ともかくピョートルの改革を続行する国政を行ないました。

１７２７年5月6日女帝が亡くなり、大帝の孫ピョートル・アレクセイヴィッチがピョートル２世として12歳で即位します。治世の間は狩りに熱中していて国政は最高枢密院を構成する大貴族によって行なわれていました。

この幼い皇帝は１７３０年1月19日天然痘のために亡くなります。ピョートル２世の死によってロマノフ家の男子は絶えてしまい、4代目のロシア皇帝の座についたのは、ピョートル１世の腹違いの兄で当初共同統治者だったイヴァン5世の娘アンナ・イヴァノヴナ、つまりピョートル１世の姪ということになります。

彼女の治世は10年、アンナは当時のロシア貴族のほとんどの女性同様、教育を受けていませんでしたから政治は人任せ、しかも凶作や疫病が流行し税収確保のため各地で厳しい取り立てが行なわれたため、アンナの時代は「暗黒の10ページ」と呼ばれています。アンナは姉の娘アンナ・レオポルドヴナの長男イヴァンが誕生するやいなやイヴァン6世を後継者に指名します。なにしろピョートルが父イヴァン5世（ピョートルの腹違いの兄）の継ぐべき地位と権力を奪ったと信じていたため、正当な後継者である父の血統を復活させようとしていたのです。１７４０年アンナが亡くなり誕生して僅か2カ月のイヴァン6世が即位しますが、１７４１年11月ピョートル１世の娘エリザヴェータが自分を支持する近衛兵とクーデターを敢行、イヴァン6世を廃位し監獄に幽閉してしまいます。

この時イヴァンの父アントン・ウルリヒ・フォン・ブラウンシュヴァイク一家も軟禁状態に。この一家は後の皇帝にとって地位を脅かす「厄介な」存在であり続けるのです。エリザヴェータはこの一家をロシアから追放すればよいと考えていたようですが、ピョートルの後継者としての正当な皇位継承権を主張することのできるイヴァン6世を担ぎ出す国が現れるだろうという周囲の意見をとり入れロシア国内に留めておくことにしたとされます（この一家30年以上も監禁され、妻のアンナもアントンも獄死しています）。イヴァン6世は家族と隔離されて牢獄へ。エリザヴェータ以後の皇帝は看守達に「廃帝イヴァンを救出しようとする人間が近づいたら、即刻イヴァンを殺すように」と厳命を下していました。この「囚人」が誰であるかは看守たちには一切知らされませんでした。ですから退屈しのぎに、看守達による虐めや嫌がらせは日常茶飯事でした。家族はアルハンゲリスクのホルモゴールイ村の家に軟禁され、外部との接触を絶たれた日々を過ごすことになるのです。

イヴァン6世は、1764年にウクライナ人ヴァシリー・ミローヴィッチが救出を試みた際に看守によって殺害されたとされ、遺体は監獄内に秘密裏に埋葬されたとされます。

2008年、アルハンゲリスクのホルモゴルイ聖堂付近で調査・発掘が行なわれ、特別な方法で埋葬された少年の遺体が発見されました。死亡時の年齢や埋葬時期、殺害に使用したサーベルの傷跡などが一致し、イヴァン6世の遺体の可能性が極めて高いと発表されているのですが……。

▼エリザヴェータ6代皇帝

という次第の16年を経て、1741年ようやくピョートルの娘エリザヴェータがロマノフ朝ロシア第6代皇帝の座におさまりました（213頁の図参照）。母エカチェリーナから引き継ぐのに3代も待たなければなりませんでした。軍事に力を注いだ大帝の娘ということから軍隊で人気の高かったエリザヴェータの在位中は、対外戦争が頻繁に行なわれた時期でもあります。国政に関心のなかった彼女はベストゥージェフ＝リューミン、シュヴァロフ兄弟、ミハイル・ヴォロンツォフらにお任せ。優秀な人材に丸投げというのは正解だったようで、危機的状況にあった国家財政は見事に建て直され、貴族を中心とする経済成長が実現してしまいます。

彼女が情熱を注いだのは文化事業。父の大帝同様ロシア宮廷のヨーロッパ化を推進し、また学芸保護にも熱心でロシア科学アカデミーを積極的に支援し、モスクワ大学を創設。また芸術家の育成にも熱心に取り組んでいました。

建築にも力を入れ新しい宮殿を建てたり、古い宮殿の改修・改築を宮廷主席建築家ラストレッリに命じ、ロシア・バロック様式を実現させています。

エリザヴェータ

現在のサンクトペテルブルクを壮麗で魅力的にしている建物のほとんどは、エリザヴェータの時代に築かれたとされます。父親のやり残した仕事を完成させたということになりますね。

ポッチャリタイプで色白の美人、舞踏会、観劇、ダンスが好きな美食家。ヨーロッパ最大のドレスのコレクションとダイヤモンドのコレクションをお持ちでした。どこにいても自分より目立つ女性がいる

ピョートル3世

と不機嫌になり、ある時は逆らった女性の舌を切ったことさえあるといわれていますから、カッカしやすいのは父譲りの性格でしょう。周囲の女性達はどれほど気を使ったことか……。多数の愛人がいたとされますが、秘密結婚をしていたのではないかと疑われているアレクセイ・ラズモフスキー以外に正式の結婚はしていません。ということは……、「後継者がいない！」ということで、姉アンナ・ペトロヴナと夫であるホルシュタイン＝ゴットルプ公カール・フリードリッヒとの間に生まれた甥のカール・ペーター・ウルリヒを後継者に指名しました。

神聖ローマ帝国出身のカールは14歳までドイツ文化の中で教育を受けていました。ロシア皇帝の後継者となったことからプロテスタントからロシア正教に改宗し、ピョートル・フョードロヴィッチと名乗ります（ロシア正教徒になること、ロシア名を持つことはお約束でした）。エリザヴェータにとっての宿敵プロイセンのフリードリッヒ大王を崇拝し軍隊ごっこで遊ぶのが好きなピョートルに失望気味ではありましたが、しっかり者の嫁をあてがえばどうにかなるかと候補を探し始めます。

その中に神聖ローマ帝国領北ドイツシュテッテンの軍人クリスチャン・アウグストとデンマーク王室オルデンブルグ家の分家ホルシュタイン＝ゴットルプ家出身のヨハンナ・エリーザベトの娘ゾフィー・アウグスタ・フレデリーケの名があがりました。

ピョートルにとっては父方の又従妹にあたります。

家柄としては地方の中流貴族といったところですが、若かりし日のエリザヴェータの婚約者で、「指輪をはめる寸前に」急逝してしまったカール・アウグストは、母ヨハンナの兄でした。婚約者をなくした女帝がその後結婚しなかったのは、婚約者アウグストのことを忘れ難かったからでしょうか？　姪をお妃候補としてサンクトペテルブルクに呼び寄せたのです。

▼皇太子妃候補

１７４４年のことでした。格下の田舎貴族の夫に不満を抱え続けていたヨハンナは舞い上がり、ゾフィーをせき立てます。さほど美人ではないと自覚していたゾフィーは知性や教養を磨くことで自分らしくありたいと願う意思の強い努力家でした。「世の中には支配する者と支配される者がいる。私は支配する側に立つ」と決めていましたし、一説によるとある占い師が彼女の手相を見たところ「貴女は最高の地位にのぼる運命だ」と言ったことがあるとか……。これナポレオンの妻ジョセフィーヌの少女時代にも同じような話がありますから真偽は怪しいものですが、ともかく馬車をロシアの雪原に走らせたのです。窓外に広がる景色を見つめながら「私はこの国の皇太子妃になる」と秘かに決心していたゾフィーのライバルはポーランド国王の娘マリアンヌ。家柄的にははるかに格上でした。

ピョートルの結婚についてはプロイセンやフランス、ポーランドといった周辺諸国の関心事でもあり、各国大使や密偵が暗躍。お妃候補の健康状態は後継を無事に産めるかどうかに関わることなので、特に気にしていたようなのです。大使たちは、宮中の侍女や下働きの男女を買収して情報蒐集に努めていました。とにかく自国に有利なお妃をと画策を続けます。痩せすぎだから子供を産むのは難しいだろうとか、腰がしっかりしていて健康そうだから多産だろうとか……。とにかく病弱なのは問題なので、お妃候補の身体検査は入念でした。笑っちゃうけど屈辱的だったのは「処女」であることを確認する検査でしょう。他人様のお手つきではないことを確認していたのは洋の東西を問わないようでして、上流階級の間では当たり前の手続きでした。立ったまま足を開かせて、ドレスの下から長い柄のついた鏡をソロソロ入れて……、なんてことでわかるのか甚だ疑問です。

初めてサンクトペテルブルクの宮殿に足を踏み入れ、女帝に謁見したゾフィーは一体どんな心持ちだったのでしょう。おそらくその存在感には圧倒されたことでしょうが、ロシア語で挨拶をしたゾフィーは「ロシア語を話せるのね」と女帝をいたく感銘させたとか。緊張の中にも嬉しさと誇らしさを感じていたのかもしれません。何しろ「支配する側に立つ」と決めていたのですから。気になるのは「皇太子は一体どんなお方かしら?」。この時のゾフィーは、この宮殿が陰謀が張り巡らされ、帝位をめぐる骨肉の争いと暗殺の場であることなど知るよしもなかったのです。

期待に胸を躍らせながら初めてピョートルと体面したゾフィーは、ひ弱そうな外見にガッカリしました。ただこの人物はいずれ皇帝の座につくお人です。妃の座を射止めるためには、ご機嫌をそこなうわけにはいきません。ピョートルの遊びにつきあいますが、すぐに軽卒さと判断力のなさを見抜いてしまいます。次第にゾフィーはピョートルよりも女帝に気に入られることに心を砕くようになりました。皇太子の結婚相手を決めるのは女帝であり、「陛下」の命令には皇太子であっても「否」とは言えないのですから。まずロシア語そしてロシア正教を学びます。ピョートルとの会話は主にドイツ語とフランス語でした。彼はロシア語をマスターしようとはしませんでしたが、賢いゾフィーはロシア語を学ぶことは何よりも女帝を喜ばせることだと悟っていたのです。

ロシア語を初めて体系化したワーシリィ・アダドゥロフに教えを乞うのですが、その熱心さは凄まじいもので体調を壊して高熱を出すほどだったといわれます。この熱意には女帝も大いに満足のご様子でしたし、「皇太子妃は誰?」と興味津々の国民の心も動かしたようです。歴代の皇帝はお妃候補を神聖ローマ帝国ドイツの公国から選ぶことになっていましたから、ゾフィーもすんなり受け入れられたのでしょう。

短期間の間にロシアの宮廷作法、生活様式を身につけてしまったのです。

そして改宗、4カ月前にロシアにやって来たばかりのゾフィーでしたが父親の反対を押し切ってロシア正教に改宗、エカチェリーナ・アレクセーエヴナと改名します。翌日めでたくピョートルと婚約、正式な婚約者として宮廷で過ごすことになったのです。

皇太子時代のエカチェリーナとピョートル

宮廷生活と聞けば豪華絢爛、使用人に囲まれた優雅な暮らしぶりを想像してしまいますが、娯楽ばかりではなく「裏切り」が横行するオッカナイ場所でした。なにしろビザンチンの後継者なのですから。そんな世界で婚約者とはいえ、エカチェリーナには知り合いどころか、何の権力基盤もないよそ者でしかありません。大人しくしてじっくりと状況を見極めるしかないのです。幸いなことに彼女は事態に対応する知性と正確な判断力の持ち主でした。まずはピョートルのご機嫌を損ねないこと、さもなければ修道院送りになるか下手をすれば処刑すらあり得るのですから。

翌1745年8月21日、16歳のエカチェリーナとピョートルの結婚式が行なわれました。不満はあるものの健気にもピョートルを支えていこうと心を決めていたエカチェリーナでした。何よりも先ず皇太子を喜ばせること、そして女帝を喜ばせること、最後に国民を喜ばせること、ともかく彼女はロシアに溶け込みロシア人になりきろうとしていたのでした。

この頃の結婚の最大の目的は世継ぎを設けることでした。ところが、ピョートルは一向にエカチェリーナになびきません。彼女は不安だったことでしょう、何しろ世継ぎがいなければ自分の地位は危うくなるばかりなのですから。女帝にしても同じ思い、ご自身で「世継ぎ」を設ける努力をなさったりもしていたのですが……、ちょっと手遅れだったようです。5年経っても兆しのない2人に「さっさと世継ぎを産みなさい」と女官のチョグロコワ夫人を監視役に任命。夜になると2人を寝室に閉じ込め、鍵をかけて監禁したりもしていたのですが、いっこうに効果ナシ。一説によるとピョートルはルイ16世と同じ障害（はしたないけど包茎でした）を持っていた（マリー・アントワネットも同じ悩みを抱えていましたっけ）とか、愛人との間にも子供がいないので無精子症だったのではないかとも疑われていますが、今となっては調べようがないらしいです。

「夫には興味はないが玉座は別」という野心満々のエカチェリーナと、女官にチョッカイを出してご機嫌というピョートルの2人が結婚して8年が経っても子供は産まれません。夫は女官と不倫するばかりですからエカチェリーナも少々大胆になり、士官のセルゲイ・サルトゥイコフという最初の愛人を持つようになります。諌める立場のはずのチョグロコワ夫人は「私は貴女の邪魔をする人間ではありません」と積極的に後押し、つまり女帝公認ということを耳打ちしたのです。

▼世継ぎの誕生

なにしろ女帝は「フン、皇太子に世継ぎをつくる能力がないなら、別のつくれる人間を見つければいいのよ」という極めて柔軟なお考えの持ち主でした。

寛大な女帝のおはからいによって、ようやく妊娠したエカチェリーナは1754年9月20日、無事に男児を出産。女帝によってパーヴェル・ペトロヴィッチ（後のパーヴェル1世）と名付けられます、エカチェリーナとしては父にちなんだ「アレクセイ」にしたかったのですが……、なにしろ「女帝ファースト」ですから従うしかありませんでした。しかも産まれた子はすぐさま女帝に取り上げられてしまいます。待望の世継ぎですから、父親が誰かなど野暮な（？）ことはどうでもよいことだったのでしょう。ともかく自分の手で育てて、帝王教育をすることが最重要課題でした。産後のエカチェリーナの部屋には訪れる人もなく、「妃」とはいえお世継ぎづくりの道具に過ぎなかったのです。

エカチェリーナはこうした扱いに皇室の冷徹さを思い知りました。ともかく世継ぎを産んだことで不安定だった立場は多少改善されたのです。彼女は自分に何ができるかを探り始めます。そしてイギリス大使のハンベリー・ウィリアムスと親しくなりました。彼はエカチェリーナの政治への関心を助長し、何らかの政治的役割を果たしたいという願望を掻き立てたのです。彼女の政治的手腕を最初に認めたのは女帝とハンベリー・ウィリアムスだと言われるほど、大使はエカチェリーナの卓越した能力を見抜いていたのです。

14歳で父親から離れていたエカチェリーナにとって、ハンベリーは尊敬できる年長の男性でした。洗練されウィットがあり頭の回転の早い大使は、政治とはどういうものかをエカチェリーナに教えたのです。大使の側としては、エカチェリーナと親しくなることでイギリスに利益のある情報を手に入れるという目論みがあったことは確かでしょうが。

自分の部下でポーランドの伯爵スタニフラス・ポニャトフスキ（後のポーランド国王）を紹介し、2人の中をとりもったのです。エカチェリーナにしてみれば、宮廷の人間の半数は文字が読めず書くにいたっては三分の一という中で、教養が高く詩が大好きというポニャトフスキは恰好のお相手だったでしょう。ポニャトフスキにとっては、大使のための政治絡みのお仕事だったのかもしれませんが。

そうした日々の中、エカチェリーナは大使から1万ポンドという大金を借りあらゆる情報を手にいれ、協力的な官吏を厚遇するなどして味方を増やし足場を固めていきました（1700年代の1ポンドは現在の2700万以上とか。つまり2700億の借り入れ、貸すほうも借りるほうもスケールが違うわ）。

1756年神聖ローマ帝国（オーストリア）とプロイセンの間に7年戦争が勃発。ロシアもイギリスも巻き込まれます。フリードリッヒ大王に対して、オーストリア（マリア・テレジア）、フランス（ポンパドール夫人ルイ15世の愛妾）、ロシア（エリザヴェータ）という女性たちの間で結ばれたのがプロイセン包囲網、ペチコート同盟でした。まさに「姦」。女3人寄れば……で、三人三様の個性的な女性たち。さすがのフリードリッヒ大王も手を焼いたというわけです。

イギリスはプロイセンの同盟国なので敵側でした。翌年大使もポニャトフスキもサンクトペテルブルクを離れていきました。が、この時エカチェリーナのお腹にはポニャトフスキの子供が……。この妊娠を知ったピョートルは「妻は妊娠しているが、その理由は神のみぞ知るところだ。私の子かどうかわからないし、私の子として受け入れるべきかどうかもワカラナイ」とのたまったとか。

ともあれ1757年12月9日女児を出産、アンナ・ペトローヴナと名付けられたこの娘もエリザベートに取上げられてしまうのです。なにしろエリザベート様は子供の父親など気にもしていなかったのですから。

戦争中ということで宮廷にはスパイが横行、その中でもエカチェリーナはイギリス大使ハンベリーとの文通を続けていました。前述の借金に加えてさらなる借金を依頼していたのです。ほとんどの手紙は燃やしていましたが、一部が女帝の手に渡ってしまったのです。もしやイギリスに情報を渡していたのではないか、エカチェリーナにスパイ疑惑の目が向けられ女帝に呼び出されます。

秘密警察の長官が立ち合っているばかりか、ドア越しに耳を傾けている複数の人間。ともかく宮廷では「立ち聞き」「覗き見」が横行していました。通風孔のような小さな穴の向こうは隠し部屋、女帝の命を受けた書記というかスパイが部屋の中の会話を一言漏らさず書き残して女帝に報告しているのです。文字通り〝壁に耳あり障子に目あり〟でした。ある者は怖れから様子を探り、ある者は手柄を狙って。崖っぷちのエカチェリーナはともかくこの場を切り抜けなければなりません。さもなければ、最悪は処刑、そして投獄、よくて修道院送り。必死のエカチェリーナは女帝を得心させたばかりか「しっかり者の嫁」と感心さえさせたのです。その上プロイセン贔屓の夫ピョートルに女帝の怒りの矛先を向けさせることにも成功したのでした。

こうした日々を過ごすうちにエカチェリーナが痛感したのは〝力〟のある味方が必要ということでした。ある日、何気なく剣術の修練に励む兵士を眺めていた彼女の目を惹きつけたのは、ひとりのハンサムな近衛兵。グリゴリー・オルロフ。ロシア貴族オルロフ家の5人兄弟の次男、長男イヴァン、三男アレクセイ、四男フョードルは同じ近衛兵でした。気だてが良く男らしいグリゴリーは心強い味方になるはず、ポニャトフスキのような知性と教養は期待できなくとも、近衛兵の仲間達から信頼される頼もしい男です。文字通り「力」です、味方につけない手はありません。必ずしも美人ではないけれど、会う人を惹きつける魅力があったというエカチェリーナのこと、グリゴリーは即座に陥落。愛人となります。

グリゴリーとの間に産まれたのは、1758年ナターリア・アレクセーエヴナ（ポニャトフスキが父の可能性もあるようですが、時期的にグリゴリーではないかと）、1761年エリザヴェータ・アレクセーエヴナ、そして1762年4月11日に産まれたのが男の子のアレクセイ（この子の出産はかなり劇的なので後述します）。

▼プロイセン好きピョートル3世

1750年代に入って健康状態が思わしくなかったエリザヴェータでしたが、ついに1761年12月25日に崩御しました。後継と決めていたピョートルでしたが、その出来の悪さには心底がっかり、生前のエリザヴェータは後継者を孫のパーヴェルにすると何度も口にしてピョートルを戦々恐々とさせていました。ところがエカチェリーナから取り上げて手元で育てた孫のパーヴェルも父（?）に似たのかピョートルそっくりの軟弱者。あのピョートル大帝の血を引くというのに何という情けなさ……。業を煮やしたエリザヴェータは、秘密結婚をしていたアレクセイ・ラズモフスキを後継者に指名することまで考えていたようですが、これは教会から「筋が違う」と許可されませんでした。皇帝といえどもその上に「神」と「天」がありまして、強行突破はできなかったのです。その上ラズモフスキ本人が、「それは不可能なこと」ときっぱり固辞していました。正規の順位に従ってエカチェリーナと不仲な夫ピョートルが帝位に就くことになったのです。グリゴリーの子（アレクセイ）を宿したお腹を喪服で隠したエカチェリーナは最大限の敬意を持って葬儀を行ないますが、ピョートルはほとんど姿を見せませんでした。

生前から「陛下（叔母です）なんか、大嫌いだ。早く死ねばよい。自分が皇帝になったら云々」と口にしていただけあってタガが外れたように振る舞います。葬儀の際に前の列に並んだ人の長いローブの裾を踏みつけて大笑いするといった不謹慎この上ない態度で人々の反感を買ってすらいたのです。

皇帝となるやいなや、ピョートルは戦闘中だったプロイセンとの間に協定を結んで兵を撤退、13万の兵士と10万の農奴という多くの犠牲を払ってようやく手にした占領地を無条件に返還してしまったのです。挙げ句の果てには敬愛するフリードリッヒ大王の歓心を得るためか、ロシア軍にプロイセン軍の軍服着用を強要という暴挙まで。その上ドイツ貴族を高位につけ、ロシア正教の力を削いでルター派をとりいれることまで始めたのです。人と接する際の如才なさや良識を全くわきまえていなかったピョートルは、あらゆる階層の人々の反感を買うことになりました。貴族・教会・軍隊……、統治への不満は高まるばかりでした。オルロフ兄弟を中心に近衛兵や失望した貴族、有力者の間でピョートルを皇帝の座から引きずり下ろそうというクーデター計画が進められるまでになりました。

エリザヴェータ・ヴォロンツォヴァ

彼らはエカチェリーナに帝位に就くよう進言するのですが、出産間近の彼女にとっては最悪のタイミングとしかいえません。「陰謀には加担しません」と答えるほかなかったのです。

ことあるごとに「修道院送りにして、（愛人）エリザヴェータを皇后にする」と脅しをかけるピョートルに大人しく従うしかありませんでした。ピョートルと愛人のエリザヴェータ・ヴォロンツォヴァの2人を宮殿に残し、エカチェリーナは別居しました。そんな中で、不満を抱える人々の手でクーデター計画が着々と進められていたのです。身重のエカチェリーナは動きがとれないまま、ただ時が過ぎていくのをヤキモキしながら過ごすしかありませんでした。

そしてようやくその日がやってきます。1762年4月11日、側近達はとにかくピョートルに出産を気づかれてはならないと、彼の気持ちをエカチェリーナから逸らすことを考えていました。賑やかなことの好きなピョートル対策として、オルロフ兄弟の協力を得て街中で火事騒ぎを起こしたのです。ピョートルの愛人エリザヴェータ・ヴォロンツォヴァは名門貴族の娘でしたが、その妹のエカテリーナ・ダーシュコワ公爵夫人（彼女もエカチェリーナという表記が正しいのでしょうが混乱を避けるためあえてエカテリーナとしておきます）はエカチェリーナの側近でした。名前も関係もややこしいのでワケがわからなくなりそうですが、落ち着きましょう。

エカチェリーナの強力な支持者だった侍女のエカテリーナは、火事騒ぎに必要なら私の家にも火をつけますとまで申し出ていたといいます。家といってもそんじょそこらにある普通の家ではありません、石造りの大邸宅ですよ。中の家具や絵画、装飾にしても価値あるものでしょうし愛着もあったと思います。それに火をつけてもよいとまで言い出すほどエカチェリーナに心酔していたんですね。エカチェリーナってそれほど魅力のある人だったのかと、いっそう興味が湧いてきます。

ともかく侍従ヴァシリー・シュクーリンが自宅に火をつけ、火事に喜んだピョートルが大はしゃぎで見物に出かけている間に無事出産。エカチェリーナ念願の父に因んだ〝アレクセイ〟と名付けられ、すぐにシュクーリンに預けシュクーリン家の子供として育てられます。一説によるとビーバーの毛皮に包んで連れていったため、ボーブリンスキー（ロシア語でビーバーはボーブル）の姓がつけられたとされます。ボーブリンスキー伯爵家は後に実業家、政治家、学者など優秀な人物を輩出しロシア革命まで活躍しています。血筋ですかねぇ。

3 エカチェリーナ2世の治世

1762年6月27日、計画に加担するイスマイロフスキー連隊の近衛兵が逮捕され下手をするとクーデター計画が明るみに出てしまう事態となり、エカチェリーナはついに立ち上がりました。「夫ピョートルがロシアを脅かしている。そのロシアを救えるのは私だけです」と訴えると「エカチェリーナ2世。我らが母」と歓声があがりました。

しかし中心となる近衛兵の心は摑んだものの、残る連隊は不明です。エカチェリーナは夏の離宮から冬宮へ向かい、近衛連隊の緑色の軍服に身を包んでバルコニーへ。

外には1万2000人の兵士が集まっていました。伝統的な軍服姿で現れたエカチェリーナに、彼

クーデターを指揮するエカチェリーナ

らは「全ロシアの皇帝エカチェリーナ2世」と声をあげたのです。軍服姿の彼女は馬上で直接指揮をとっていたとされます。オルロフ兄弟、エカテリーナ・ダーシュコワ夫人をはじめとした支持者の尽力でペテルブルクの主要な軍隊、反ピョートル勢力、教会の支持を得た圧倒的な勝利でした。ピョートル支持派の重臣達の多くはお咎めなしで宮廷に戻ることを許されたため、クーデターとはいえほぼ無血で成功したのです。

クロンシュタットに逃亡しようとしていたピョートルは逮捕されました。

2日後退位に同意し、ロシアを去りたいと申し出ますが拒絶されサンクトペテルブルク郊外のロプシャの宮殿に幽閉されてしまうのです。せめて愛人と一緒にいたいと言ってみても無駄でした。そして1週間後、ピョートル死亡の報告がエカチェリーナの元に届いたのです。公式には「前帝ピョートル3世は持病の痔が悪化して急逝、エカチェリーナ2世は深い哀悼の意を表す」という内容ですが、オルロフ兄弟の「暗殺屋」とでもいうべきアレクセイの手にかかったというのが真相らしいのです。

なんだか情けない感じのピョートル3世ですが、音楽や演劇が大好きで尊敬するフリードリッヒ大王がフルートの名手だった影響かバイオリンを嗜み、かなりの腕前だったそうですよ。優柔不断と言われているのは、優しい性格だったから。6カ月という短い治世でしたが、廷臣や農民を厳罰に処すよりは、温情を示すことを選んでいました。エカチェリーナと離婚して再婚したいと願っていたエリザヴェータ・ヴォロンツォヴァとは本当に相性が良かったようで、彼女の言うことには素直に耳を傾けていました。〝リズ〟（エリザヴェータ）を喜ばせるためなら「何でもする」と言っていたピョートル。もしエカチェリーナが「陛下」に押し付けられた〝出来すぎ〟な嫁として彼の反発の対象にならなかったら、エカチェリーナとの夫婦関係も上手くいっていたのかもしれないとまで思えます。たまたま皇帝の甥に生まれついてしまった「運」の悪さなのでしょうか……。まずは叔母のエリザヴェータそして伴侶のはずのエカチェリーナ、そして母国の親戚にすらソッポを向かれたお気の毒な人物です。

▼エカチェリーナ2世誕生

自分の治世が「殺人」で始まることを望んでいなかったエカチェリーナが真相を隠したとか、実は彼女が関与していたとか……。とにかく今となってはピョートルの死の真相を明らかにすることはできないでしょう。

在位わずか半年で廃位となったピョートル3世の後の帝位をどうするか?

これはちょっとした議論となりました。政務をエカチェリーナが執ることに反対の声はありませんでしたが、ロマノフの血筋でもなくロシア人でもないエカチェリーナを帝位につけることに疑問を持つ人達がいたからです。

彼らはピョートル3世の息子（とされる）パーヴェルを帝位につけ、エカチェリーナを摂政にと

戴冠式のエカチェリーナ

言っていたのです。さらに気がかりなのは20年間監禁されているイヴァン6世、ピョートル大帝と共同統治をしていたイヴァン5世の曾孫ですから帝位を継ぐ正統な権利を持っているのです。

後になってエカチェリーナはイヴァンの人物を見極めようと監獄まで足を運んでいます。「喋ることもできないアホ」と伝えられていたイヴァン6世が、「自分が何者であるか」を自覚している無視できない存在であることに気づかされました。解放することも考慮に入れていたエカチェリーナでしたが、エリザヴェータ同様「救出の試みがあった場合には、即座に始末すること」を改めて厳命したのでした。

諸々の横やりは入りましたが、結局エカチェリーナが帝位に就くことになり1762年9月22日クレムリンのウスペンスキー大聖堂で戴冠式が行なわれました。あれほど強く王冠を望んでいた夫のピョートルは戴冠式を行なう前に亡くなっていました。後年ピョートル〝前皇帝〟の話が持ち出されると「彼は皇帝ではありません。戴冠していないのですから」と皇帝として認めるのを嫌っていたとも言われます。

双頭の鷲の刺繍をほどこしたドレスに、白テンの毛皮で縁取られたコロネル・ローブ。頭上に輝く〝エカチェリーナの宝冠〟。５０００個のダイヤモンドと75個の真珠、頂点には大きなスピネル。その重量は２kgですから、かなりのものです。

皇太子候補としてロシアに足を踏み入れた14歳の少女は、故郷シュテッテンで過ごしたよりも長い年月をロシアで過ごし、薄氷を踏むような宮廷生活を己の才覚で乗り切ってきたのです。

戴冠式ではこれまでの様々な出来事が頭をよぎり、ローブやガウンそして王冠の重さなど気にもならなかったことでしょう。

ここで『宮廷クーデターの時代』と呼ばれるロシア皇帝の地位をめぐる騒動に一応のピリオドが打たれたというわけです。33歳でロマノフ朝第８代皇帝となったエカチェリーナ、その治世はどのようなものだったのでしょうか。

エカチェリーナの宝冠

▼啓蒙思想

これまでの経験から権力を維持するために特定の派閥と結びつくことの危うさを学んでいた彼女は、権力を維持するための手段として各派閥に均等な利益をもたらすことに心を砕きました。ロシアを進歩的な近代国家にしたいと願う彼女は、皇太子妃時代からヨーロッパの啓蒙主義に傾倒していました。フランスのヴォルテールの多数の著書は、隠忍自重の皇太子妃時代にほとんど熟読してしまいました。そしてヴォルテールや同じフランスの哲学者ディドロとも文通を繰り返しており、法律、農民の自由、経済などのテーマについて意見を交換してきたのです。

帝位に就いたエカチェリーナはヴォルテールに、ロシア国家全体を改革する方針を立てその政治思想を書き送っています。

エカチェリーナはモンテスキューの「法の精神」やベッカリーアの「犯罪と刑罰」などの啓蒙思想を取り入れ、さらには農奴制の改革という思い切った政策を含む「ナカース」（大訓令）を提案し、自由経済の促進、宗教的寛容、教育・医療施設の建設、出版文芸の振興といった啓蒙思想に基づいた近代化諸政策に着手。１７６６年には「ナカース」（大訓令）を執筆し、新法典委員会に提案しています。ナカースは政府をどのように組織するかというエカチェリーナの考えをまとめたもので、商業、金融、警察に関する法が整備されていきます。

啓蒙主義の信奉者として、サロンを開きフランスからヴォルテールと並ぶ名士のディドロを招聘しています。ロシア宮廷で厚遇されたヴォルテールとディドロは、エカチェリーナがいかに進歩的でロシアが開かれているかをヨーロッパに伝えるPRマンの役割を果たしました。深謀遠慮のエカチェリーナが狙っていたことだったのかもしれません。ディドロはまた美術評論家でもあり作家でもありました。芸術に造詣の深いディドロは世界的な文学や芸術作品を集めることを進言します。エカチェリーナは早速行動を開始し、ヨーロッパ中から絵画や美術品を購入するようになります。これがルーブル、プラドと並ぶヨーロッパ三大美術館、エルミタージュの基礎となったのです。存命中はいつでもアクセス可能という条件で、ディドロの10万冊ともいわれる蔵書も購入。哲学者との交流で豊富な知識と発想力を持った彼女と、ロシアの名声は高まる一方でした。

▼琥珀

エカチェリーナ2世のご自慢の芸術作品、「琥珀の間」は、ピョートル大帝が1716年にプロイセンのフリードリッヒ・ウィルヘルム1世から贈られた（一説ではオネダリしたとも）「琥珀の部屋」がオリジナル。金と琥珀で装飾された部屋はプロイセン建築家によるもので、変わった収蔵品を集めるのが趣味というピョートル大帝は大変に喜んだということです。その後子孫達が手を加え、エカチェリーナ2世がツァールスコエ・セローの夏の離宮エカチェリーナ宮殿に部屋を設置。お気に入りの部屋に立入りを許されていたのはごく僅かな友人と招待客と愛人だけだったとされます。この「琥珀の間」、ウィルヘルム1世がベルリン王宮に置いていたものを贈られたというもので、ヒットラーは「ドイツから盗まれた芸術品」のひとつとしてエカチェリーナ宮殿のあるプーシキン地域を占領後、他の展示品とともに解体して持ち出してしまったのです（なんともとんでもない言いがかりです）。展示品の多くはロシア側がすでに持ち出して保護のためシベリアに運んでいたのですが、傷つきやすく重量のある琥珀の間はそのままになっていたからです。ドイツは解体した琥珀の間をケーニヒスベルク城へ運んで大切にしていたというのですが……。１９４４年ソ連がこの街を空爆した際にはドイツ軍司令部が琥珀の間を地下に運んで守ったとされます。翌年占拠したソ連が琥珀の間を探したのですが、見つけることはできませんでした。

一体どこに消えてしまったのでしょう？

これには幾つか説があり、じつは地下には運ばれておらず火災で焼失してしまった、もしくは地下にあった琥珀は温度や湿度の気候条件や保管方法があわなかったために崩壊、またじつはナチスドイツが運び出して、こっそり南アフリカに運ばれた……。面白いのは、じつは戦前ソ連が装飾の複製を作成して入れ替えておいたためドイツが持ち出したのは複製というお話。本物はというとアメリカの実業家アーマンド・ハマー氏（後述）に軍事物資貸与プログラムへの支援の感謝として贈ったというもの。

そんな琥珀の間の復元は1981年に始まり、ドイツとロシアの研究者、彫刻家、職人の協力で20年以上の歳月をかけてサンクトペテルブルク遷都300年に間に合わせ見事に仕上がったというわけで、資金援助もしたというドイツとロシアの共同作業ということに。メデタシメデタシ。

5歳の時に戦前の琥珀の間を見たことがあるという人物は、復元された琥珀の間のほうが素晴らしいくらいという感想を話しているほどですから、復元されたものを見学するのが往時を偲ぶには適切でしょう。でももしチャレンジ精神旺盛なら、失われた琥珀の間を探してみるのも楽しいかもしれません。

琥珀はロシア、ポーランド、ドイツなど東欧で特に愛される貴重品。ロシア皇帝からの高価な贈り物として長年使用されていましたが、革命後に職人達の技術や知識は失われてしまったとされます。ロシアのように寒い国で琥珀が好まれるのは、日照時間の少ない国だから。宝石の中で唯一琥珀だけが触れた時に〝暖かみ〟を感じさせて心地良いからだとされます。確かに琥珀の色や感触は、ぬくもりを感じさせるもの。エカチェリーナ2世が夕陽の差し込む琥珀の間で過ごすのが好きだったというのも、なんとなくわかる気がしませんか？

▼啓蒙専制君主

エカチェリーナは啓蒙専制君主を自認しますが……、そもそも啓蒙専制君主っていったいどんなものなのでしょう？　啓蒙とは「光で照らされること（蒙《くら》きを啓《あき》らむ）」というのが原義のようです。つまり知恵をつけてお利口になり、人間本来の理性による自立を促すということらしいです。

この啓蒙思想を標榜し、絶対もしくは専制君主から近代化を図った君主が啓蒙専制君主。プロイセン国王フリードリヒ２世、オーストリア大公・神聖ローマ帝国皇帝ヨーゼフ２世、オーストリア女大公マリア・テレジア、オスマン帝国皇帝マフムト２世、そしてエカチェリーナ２世が代表的とされます。

啓蒙専制君主は「上からの改革」を通じて社会の身分制度を崩して、国民を平等にすることと考えると「啓蒙」と「専制」はいずれ成り立たなくなるような気になりますが、脱線すると17、18世紀のヨーロッパ史になってしまうので、先に進むことにしましょう。

▼貴族と農民

エカチェリーナの時代の人口統計は見当たらず、１８６７年で約４６００万人。これより１００年は前ですから、２０００万人台でしょうね。特権の多い貴族や豪商など優遇されたのは多くて国民の３割程度だったのではないかと推察します。つまり国民のほとんどは農民か農奴、「貴族の天国、農民の地獄」とまで表現されたエカチェリーナの時代の格差はまさに天と地。優雅な宮廷暮らしの知的な理屈によって、上から改革しようとする意気込みが通じるような生やさしいはずはありません。為政者の困った点は、育ちのよいボンボンやお嬢様は身分の違う庶民の実情など想像もつかないということです。なにしろ庶民の暮らしに足を踏み入れることなどないのですから。

人間の面倒なところは、ほとんどの事柄に自分の物差ししか持てないという点です。「パンがなければブリオシュ（S'ils n'ont pas de pain, qu'ils mangent de la brioche.）、（お菓子といわれますが、実際はブリオシュ。訳された当時日本ではブリオシュが知られていなかったことが原因とされます）を食べればよいじゃない」と仰せになったマリー・アントワネットの例はとてもわかりやすいかもしれません。

『戦争と平和』でもわかるように、貴族の子弟は軍隊へ（といっても士官や指揮官などの高いポジション）、農民や農奴は兵士としてかり出されるうえに過酷な労働と、ほとんど奴隷状態で「近代化も何もあったものではない、ともかく生活の改善を」と願うばかりだったでしょう。

モスクワ公国時代には移動の自由がなかったとはいえ、帝政時代に比べればまだマシな状態でいられた農民でしたが、過酷な労働に抵抗して他の土地に逃げ出すことも頻繁におこります。逃亡されてしまうと、土地所有者はお手上げでした。ピョートル大帝以後人頭税という税収の確保と「労働力」「兵力」として土地に縛り付けられるようになります。

国有地農民、修道院農民、貴族農民という区分はありましたが、いずれも移動の自由はおろか結婚さえ領主の許可がなければ不可能という状態でした。この頃きっと初夜権というイギリスでお馴染みの無茶苦茶な権利も濫用されていたかもしれません。なにしろ農民は領主の「持ち物」だったのですから。

何かあればすぐに鞭打ちや罰金……。病気や怪我で働けなくなったり、領主の気に障るようなことがあると「開拓民」としてシベリア送り、農奴の生殺与奪の権利は領主に握られていたのです。

皮肉なことにこの農奴制が最も過酷だったのは、「啓蒙思想」に心酔していたエカチェリーナの時代です。当時、新聞に「裁縫のできる娘売ります」、「料理人として使える少年売ります」といった広告が出されていたように、農奴市場というものが存在していたのです。

まさにどん底の農奴に対して「貴族」はエカチェリーナにとって大切な権力基盤。政権を維持するためにも彼らの支持を失うわけにはいきません。1785年の誕生日に「貴族への特許状」というものを発布します。租税・兵役を免除された上に、裁判でも貴族を有罪にするには女帝の許可が必要とされる特権を与えられたのです。彼女はこの特権に対する見返りとして、帝国と君主に対する絶対的な忠誠を求めました。貴族の支持を揺るぎないものにするために豪華な宮殿農奴付き国有地を惜しげもなく下賜することまでしていたのです。「お気に入り」ともなると気前の良さに拍車がかかるのか、愛人だったオルロフには身分の高さを象徴する銀の食器を2トン（！）贈っています。どれほどのものか想像もつきません。

▼農民の反乱

一方、酷い領主のパワハラ、セクハラに心底嫌気がさした農奴は抵抗してたびたび一揆をおこしたりしていましたが、その最大のものがエカチェリーナ時代の「プガチョフの乱」。ウクライナと南ロシアに、自治権を持つコサックという軍事共同体が暮らしていました。ルーツは15世紀後半ヨーロッパの没落貴族と遊牧民の盗賊（なんだか最強コンビのようで、面白そうではありませんか）とで構成された〝自由人〟といわれますが、はっきりとはしていません。

ポーランド・リトアニア共和国とロシアの保護を受け、必要に応じて軍事力を提供する独立した集団でした。領地から逃れてきた農民がここに駆け込むこともあったせいか、各地の農民一揆に力を貸してきた経緯があります。

1773年から75年に起きたロシア史上最大の農民反乱とされる「プガチョフの乱」を率いたのは、エメリアン・プガチョフ。

エメリアン・プガチョフ

農奴制廃止、土地の分配、宗教の自由を掲げ、秘かに軍隊や官僚機構、大学に諜報機関まで作り上げていたというのですから、「反乱」といっても政府と国家の転覆を狙った大がかりなもの。女帝による教会の統制にも抵抗し、司祭やイスラムなどの宗教指導者をも引き入れて「プガチョフこそが救世主」というプロパガンダを各地の農民や労働者の間に広めさせたのです。

女帝の夫、前皇帝ピョートル3世が殺害されたことは前述の通りですが、亡くなりかたの不可解さからか「ピョートル3世は実は生きている」という噂が民衆の間に広まっていました。プガチョフはこの噂に目をつけ利用したのです。

「我こそはピョートル3世なり！」となりすまし詐欺。この時代皇帝の顔を実際に見たことのある民衆なんてほとんどいないはずですから、浅黒い肌で筋肉質のプガチョフがひ弱そうなピョートルとは似ても似つかないことなど気にもならなかったでしょう。

農奴制廃止を掲げる「救世主」は、現状に不満を抱えた農民にとっては希望の星、支持者は続々と現れました。1773年9月、プガチョフはコサックのみならずエカチェリーナ2世にまで「皇帝ピョートル3世の下に集まるように」と下知を飛ばし、コサックと農民からなる反乱軍を指揮してロシア政府軍を圧倒しヴォルガ河とウラル山脈にまたがる広大な地域を掌握してしまったのです。

非ロシア系先住民、鉱山労働者など圧政に苦しむ民衆が集まった反乱はロシア全土に大きな影響を与え、一時はエカチェリーナの治世を脅かすことすらあったと伝えられています。心中穏やかならないエカチェリーナは、かなりの危機感を抱いていたようです。幸いにも露土戦争が終結し、ロシア正規軍が動けるようになるとさすがに大規模な反乱も次第に鎮圧され、プガショフは逮捕され処刑されることになります。

▼プガチョフの処刑

「二度とこんなことは許さない、見せしめとしても極刑を！」エカチェリーナは四ツ裂キの刑を言い渡します。まず腕を一本ずつ切断、次に足を一本ずつそして最後に首を刎ねるというモスクワ広場での公開処刑だったのですが、執行の際にとんだ手違いが起きました。死刑執行人は手順に従わず、最初に首を刎ねてしまったのです。役人達は大慌て、「早く手と足を切れ」と叫んでいますし、1万人以上集まっていたという民衆からもブーイング。何故こんな手違いが生じたのか様々な憶測が……。何らかの理由によって女帝からの特赦の指示、それともプガチョフの支持者が余計な苦しみを与えないように執行人を買収したのでしょうか？

一説によるとエカチェリーナは同じ公開処刑でもこれまでのように残忍なものは避けたがったと言われています。もしかしたら彼女の温情によるものだったかもしれないとも思えるのです。

でもまあこうした処刑を見物し楽しむというのは、娯楽の少なかった時代の最大の楽しみ（？）だったのかもしれません。古代ローマでは5万人を収容するコロッセオで、猛獣狩りや犯罪人の公開処刑、グラディエーター（健闘士）の戦いが繰り広げられました。いわゆる「パンとサーカス」でローマ市民はタダでした。中世にはナイト（騎士）の御前試合や様々な理由の決闘、こうした場面にワクワクしながら立会うなぞ私にはとてもできそうもありませんが、戦闘や一揆などでけが人や「血」を見るのが日常茶飯事だった時代のこと、逃げ惑わずに落ち着いて見物できるなら気にならなかったのかもしれません。恐ろしいことに人間って何にでも慣れてしまうものですから……。

プガチョフの乱を鎮圧したエカチェリーナは、ロシアのヨーロッパにおける国際的影響力を高めることに専心できましたし、領土の拡大を目指した戦争は順調に勝ち進んでいました。これらの勝利は、彼女を支えた優秀な軍の司令官達の存在があったからこそでした。アレクサンドル・ヴァシリエヴィッチ・スヴォーロフと、秘密結婚までしていたとされるグリゴリー・ポチョムキンです。

ロシア軍史上に「不敗の指揮官」として名を残すスヴォーロフは、かなり変人だったようですが「戦いは数ではなく、頭でやるものだ」「無益な殺戮は罪である」「規律は勝利の母である」といったどこかの国のリーダー達に聞かせたい言葉を残しています。ソビエト連邦時代の1980年代でさえ、肖像が切手に使われた人物なんですよ。

スヴォーロフの切手

▼権力の維持

そして彼女はこれまでのロシア皇帝の誰もなし得なかったトルコ

の領土クリミアをロシアに併合、ポーランドをロシア、オーストリア、プロイセンで分割した結果、ウクライナ、ラトビア、リトアニア、ベラルーシを手にいれたのです。これらの地域は現在でも揉めごとの要因で、紛争のたびに耳にすることが多いのはその根っこが昨日今日ではなく、歴史の深いところに根ざした積み重ねのうえのことだからでしょう。ロシアに限らず国際問題は、せめて歴史をひもといて経緯を探る必要があると思うのです。現在の「結果」は過去に「原因」があり、現在は未来の「原因」になるという時の流れのある一瞬だけを捉えていては解決のつかない問題なのではないでしょうか。

さて領土を拡大したエカチェリーナは啓蒙専制君主としての名を高めようと外交にも積極的になり、紛争における仲裁者の役を引き受けるようになります。これがまたロシアの名をさらに高めることにもなったのです。アメリカの独立戦争では中立国として輸出を推進、ヨーロッパに働きかけて武装中立同盟を結束させたりしていたのですが、皮肉なことにこれは市民革命の胎動でもありました。

「生涯にわたり権力欲に身を焦がし、権力を手に入れた後はあらゆる手段でその権力を維持しようとした」とされるエカチェリーナは、33歳の若さで即位しすぐにあらゆる権力を自分のもとに集中させていました。元老院の立法権を縮小し、教会や農民から土地を取り上げ、彼らから経済力を奪っていたのですが、困ったことに彼女はすべて「国民のため、国民の幸福のために君主である私がひとりで国を治めている」と信じていたのです（この自分勝手な思い込みはピョートル大帝と似ていますね）。

▼著作の影響

主役は市民に移りつつあるということが、当事者にはわからなかったのか、自己防衛本能からか認めようとはしませんでした。そんな彼女を驚愕させた大事件が1789年のフランス革命でした。それまでとは逆に国内を引き締め、自由主義を弾圧するようになりました。

あれほど心酔した啓蒙思想も庶民が読むことを禁じ、著作は燃やされてしまったのです。まるで紀元前213年に起きた始皇帝の「焚書坑儒」のようです。

このあおりを喰ったのがアレクサンドル・ラジシーチェフという貴族の思想家。エカチェリーナ女帝に仕えていたのですが、プガチョフの乱を期に農奴解放を訴えるようになります。そのため彼の思想を危険視した女帝によって監視されていましたが、1790年『ペテルブルクからモスクワへの旅』という旅日記のスタイルで悲惨な農民の実情と農民に対する貴族の非人間的な扱いを細々と記した農奴制告発を主張する著作を発表したのです。

一例をあげると、

農民は、前の地主のところでは年貢を納めていたが、こんどの地主はそれを賦役にかえてしまった。地主は、仕事を怠けているのをみると、その怠けぶりに応じて、笞、杖、棒で打った。（中略）地主のドラ息子たちは、ひまがあると村や畑をほっつき歩いて、農民の妻や娘をもてあそんだ。彼らの手篭めをまぬがれた女性はひとりもいなかった。

『世界の歴史8 絶対君主と人民』相田重夫（中央公論社）

という調子で、ともかく乱暴狼藉のやりたい放題。でもこのドラ息子たち、宮廷に顔を出すチャンスがあると借りてきた猫のように大人しく礼儀正しく振舞ってはいたでしょうが、貴族の女性達や女官達にチョッカイを出すのを忘れることはなかったようですよ。

前年1789年のフランス革命で「民衆」に神経質になっていた女帝は、この本を発禁処分にしたうえに焼却を命じています。ラジシーチェフはシベリアに流刑となりました。流刑中も農奴解放などの著作を発表していたラジシーチェフの思想は、後のロシアの思想家に多くの影響を与えたといわれます。1861年アレクサンドル2世が「農奴解放令」を発しますが、これにも影響を与えていたことから「ロシア革命の先駆者」とも呼ばれています。アレクサンドル2世が農奴解放を決心したのは、ツルゲーネフの『猟人日記』を読んだことがきっかけになったと言われています、皇帝は読書家だったということですね。1冊の本が政治決断に影響することもある……、現代にも通じるかなと微かな希望が芽生えるのですが、そもそも現代の為政者って読書するのかしら？？？　難しい漢字や旧仮名遣いがわかるのか疑問ですが。

エカチェリーナ女帝を悩ませたものにラジシーチェフのような思想の拡がりと「偽人物」の横行がありました。プガチョフがピョートル3世をかたったのと同様にエカチェリーナ2世を名乗るちょっと頭のオカシイ女性や、蘇った国民的英雄エイドリアン・プガチョフやら……。伝説が現実よりも重みを持つというロシアの不思議な国民性、ロシア人になりきろうとしてきたエカチェリーナに果たして理解できたのでしょうか？

ロシアが国際的影響力を持てばもつほど、政治や外交に知略を巡らさなければならなくなったエカチェリーナは24時間自分を支えてくれる人間、それも男性が必要でした。信頼がおける相談相手、忠実なアドバイザーそして閨房でのパートナー。後の歴史書では愛人数百人を数え「玉座の娼婦」とまで称されたエカチェリーナですが、これはおそらく男性の手によるでっち上げ。だいたい女性の為政者は、後の時代の男どもからあらぬ言いがかりをつけられるようですね。女性を貶めようとするヤッカミからでしょう（男尊女卑は昔からだったのか！）。彼女のアヴァンチュールのお相手はピョートルの死後34年の治世の間20数人というのが事実のようですよ。長年続いたお相手も短期間で終わったお相手も含めて。

最も長く影響を与え、信頼していたのはポチョムキンといわれます。最後の愛人はプラトン・ズーボフ、彼女より35歳年下だったというのですからまるで親子。この時代ですから15、6歳で子供を持ったとしたら「孫」といってもいいくらい。英雄色を好むと言いますが、女傑もまたしかりか！ヴァージン・クィーンと言われたエリザベス1世も愛人は数々、本当にタフな女性達です。

邸宅のテーブルセッティング

▼私生活の好み

ちなみに彼女が好んだ料理は、煮込み牛肉、干したトナカイの舌のソースに塩漬け胡瓜を添えたものだったと（タフさを支えるスタミナ食か？）。お気に入りのポチョムキンの邸宅ではキッチンに数十人の外国人シェフを抱えていたというのですから、当時の貴族の暮らしの想像がつくというものです。フランス人シェフが得意としていた、「ボンブ・ア・ラ・サルダナパール」（色々な肉をミンチにして球形にしたハンバーグのようなもの）がお好きだったとか。やはり肉食ですね。

お気に入りのデザートはコロムナ産の酸味の強いリンゴと蜂蜜、卵白をつかった古典的な焼き菓子で、リンゴの保存食として次の収穫までつくりおかれていたようです。フランス人のシェフを雇うことが当時の流行でしたから、多勢のフランス人シェフの影響でロシア料理が変わりつつあり、「ロシアの宴席史」によると正式な宴会で出されたお料理はすべてフランス風だったということです。

▼改革・医療・外交

プガチョフの乱の後、パワフルな彼女は思い切った改革に着手します。広大なロシアの領土を50の地区に分け、中央の政策が隅々にまで浸透するように行政機関を設置します。全国300箇所に学校と診療所を設置、農民であっても教育や医療を受けられるよう整備したのです。

医療といえば、女帝になって間もない頃天然痘が大流行したことがありました。天然痘は死亡率が高く治癒しても顔や身体に痘痕を残すことから、非常に恐れられた病気でした。1796年にイギリスのエドワード・ジェンナーが種痘という予防法を始めていましたが、まだ世界に浸透していたわけではありませんでした。予防法があると知ったエカチェリーナはイギリスから医師のリムズベールを招き、天然痘の患者を宮殿に連れてこさせて自ら率先して予防接種を受けたという有名な話がありまして、「やって見ればどうということはないわ」と仰せになったとか。おかげで貴族や軍人も積極的に予防接種を受けるようになり、接種の翌日に戦地に向かうこともあったようです。これはエカチェリーナが情報を得て効果的に伝える能力に長けていたという一面を物語るエピソードです。

ともあれピョートル大帝の帝国建設を継続することで正統性を主張し、外交にも巧みな手腕を発揮したエカチェリーナ2世。歴史上男女間での最も強い協力関係といわれるポチョムキンの存在を得たことも「運命」だったのでしょう。

愛人関係が終わった後も、ポチョムキンは最も信頼できる相談相手であり続け、頻繁に手紙が交わされています。今ならメールやラインでいとも手軽にできることも、手紙を託された使者がサンクトペテルブルクとポチョムキンが駐屯する「新ロシア」間を往復していたのです。

1787年、2人はヨーロッパ列強の君主をクリミア半島に招き、豪華な船旅を敢行しています。さながらナイルのリバークルーズでシーザーを歓待しつつ川沿いの豊かな穀倉地帯を見せつけ、エジプトの豊かさをアッピールしたクレオパトラの船旅のようですが、歴史上最も贅沢な船旅はまさに女帝エカチェリーナの権力の絶頂期を象徴するものでありました。

不思議な巡り合わせで結ばれていたエカチェリーナとポチョムキンでしたが、1791年ポチョムキンは任地に向かう途中(ルーマニアの)ヤシで病没、52歳でした。報せを受け取ったエカチェリーナは「これからはひとりでこのロシアを治めなければならないのか」と呟き深く嘆かれたとか。彼の死後の愛人達は公的な影響力を持つことはありませんでした。

▼後継者

エネルギッシュでタフ、行動力に満ちた彼女でしたがさすがに晩年になると後継者のことを考えるようになりました。息子のパーヴェルは、父親はピョートル3世ということになりますが、当時の愛人セルゲイ・サルトゥイコフが父親ではないかといまだに判然としていません。セルゲイは初代ツァーリのミハイル・ロマノフの妹の子孫でしたから、父親がセルゲイだったとしても立派にロマノフの血を引いているのです。パーヴェルの外見や性格はピョートルによく似ていたというのですから、彼の子供である可能性を完全には否定しきれないのが面白いところです。

彼女にとってはお腹を痛めた息子ではありますが、生まれるなり姑のエリザヴェータに取り上げられたため自分の手で育てたわけではありませんし、夫のピョートル3世の後は正統な後継者パーヴェルを皇帝にし、エカチェリーナは摂政にとどめるのが筋という勢力が存在していて、彼女が女帝となってからもパーヴェルが成人したあかつきには女帝は退位してその座を「譲るべき」と期待しパーヴェルを煽ってさえいました。パーヴェル本人も何かと反りの合わない母には反発を覚えていました。事あるごとに「陛下に従いますが、私が帝位に就いたら自分で決めます」と反抗的なことを口にするのですから、息子とはいえ玉座を脅かす油断のならない存在でもありました。

特殊な環境でまともに育つはずもなく、パーヴェルは無分別で無思慮な少年に成長していました。おまけにほとんど記憶のない「父（ピョートル3世）」に深い関心を持ち、どのような人物だったかを調べ回って父親に尊敬の念を抱くようになるのです。

夫に似てくるばかりか反発を強めるパーヴェルを目にするたびに、エカチェリーナは「これはダメね」とパーヴェルの息子達で孫にあたるアレクサンドルとコンスタンチンに期待をかけるようになり、自ら帝王学を教えるようになります（この心理はエリザヴェータと全く同じというのが面白いところです）。パーヴェルの嫁はというと、もちろんエカチェリーナが決めました。ただ結婚は世継ぎを設けるためのものですから、パーヴェルにその能力があるか否かを見極めるために侍女や公爵夫人にパーヴェルを誘惑させて確認したというのですから、何と言えばいいのか……。最初の結婚相手、ドイツ・ルードヴィッヒ9世の娘ウィルヘルミーナ（ナターリア・アレクセーエヴァと改名）は妊娠中に亡くなります。で、当然再婚、お相手はヴェルテンブルク公国のゾフィア・ドロテア（マリア・

フョードロヴナと改名)。二人の間にはエカチェリーナが期待したアレクサンドルとコンスタンチンを含めて10人の子女が生まれています。

パーヴェルの継承権を剝奪し、孫のアレクサンドルを帝位に就けようという女帝の計画は、実現されることはありませんでした。

1796年11月、脳梗塞で倒れた彼女はそのまま永眠したのでした。享年67。

結局後継者を指名しないまま亡くなったため、パーヴェル1世が第9代ロシア皇帝に即位します。彼としてはやっと「厄介ばらい」ができたわけで、重石が取れたと感じていたはずです。心を通わすこともなく、確執ばかりが山積していた母の死に直面して何らかの意趣返しを考えたかもしれませんが、どっこい女帝はご自身の葬儀についても詳細な遺書をしたためていました。

「遺体には白いドレスを着せ、洗礼名を彫った黄金の王冠を頭に載せること。喪服を着るのは6カ月を超えないこと。短いほうが望ましい。」

さらに墓碑銘までが周到に用意されていました。

1729年4月21日シュテッテンで生まれたエカチェリーナ2世ここに眠る。

1744年ロシアに来てピョートル3世と結婚。

14歳で夫と陛下と国民を喜ばせるという3つの決意を固め

これを達成するためにいかなる努力も惜しまなかった。
18年間の孤独な日々は多くの書物を読む機会を与えた。
ロシアの帝位に就いたこの女性が望んだのは、
国のために尽くすこと。
寛大で多くを求めず、忍耐強く、優しい心と
共和主義の精神を持っていた。
良き友人に恵まれていた。

パーヴェルにできた唯一のこと、それはエカチェリーナの棺を帝位を奪った夫のピョートル3世の棺とぴったりと並べることでした（サンクトペテルブルクペトロパブロフスキー大聖堂）。なにはともあれエカチェリーナ2世は啓蒙思想を実践、病院、避難所、孤児院を開設し、ロシア・アカデミーとスモーリヌイ女学院を設立。辞典を編纂・出版し、画家、音楽家、作家、詩人、科学者を支援しました。在位期間中に作られた都市は144。国会とアゾフ海に進出し、2倍になった人口で帝国の権威をかつてないほど強固なものにしたのです。初代ピョートルと並んで「大帝」と呼ばれる所以です。

親が立派すぎると……の例に漏れず、パーヴェルは母の政治路線を全否定し、ピョートル3世同様に廷臣達の信頼を失い1801年にあえなく暗殺されてしまいます。

4 アレクサンドル時代

そして帝位は息子のアレクサンドルに。エカチェリーナが期待していた孫でした。

このアレクサンドル、父親であるパーヴェル1世の暗殺に加わっていたという説もあるのですが……。

▼アレクサンドル1世

10代ロシア皇帝となったアレクサンドルの時代は、ヨーロッパでは1804年にナポレオンが皇帝に即位しています。ヨーロッパ中が彼に掻き回され、その後ヨーロッパの秩序回復のためのウィーン会議、ナポレオン包囲網、大陸封鎖等々……、戦争と同盟、同盟相手の変更など慌ただしい時代にアレクサンドル1世は内政よりむしろ外交で力を発揮したとされています。メッテルニッヒを議長としたウィーン会議は、ヨーロッパ版小田原評定。外交交渉よりも連夜の舞踏会のほうが有名で「会議は踊る」として知られています。この宴会で腕をふるった「国王のシェフにしてシェフの帝王」といわれた料理人フランス人のマリー＝アントナン・カレーム。パトロンとなっていた貴族で政治家のシャルル＝モーリス・ド・タレーラン・ペリゴールは、食卓外交がいかに大切であるかを知っておりカレームを重用していました。タ

アレクサンドル１世

レーランはパトロンというだけではなく、厳しい課題を出してカレームの料理の世界を広げるプロデューサーでもありました。その一つは、料理を重複させることなく季節の食材を使用した1年分のメニューというものだったとか。試行錯誤を重ねたカレームは、建築の知識と才能でメインコースとデザートを装飾的で美しいものに仕上げていったのです。見た目に美しく、食して美味。この会議のおかげでヨーロッパの上流階級の間にフランス料理が広まることになります。カレームは、この会議の後イギリス（ジョージ4世）、ロシア（アレクサンドル1世）、ウィーン（皇帝フランツ1世）に仕えています。彼の活躍で食卓外交では、フランス料理となったといわれます。日本でも天皇の晩餐会が、フランス料理となっているのもヨーロッパを見習ったからなのです。

アレクサンドル1世は社交的で友情に厚く、立ち居振る舞いも優雅で見事な人物だったようですが、「歴代皇帝の中で最も複雑怪奇な性格の持ち主だった」と伝えられるほど内面はとても複雑なお方だったようです。父親（パーヴェル1世）も祖父（ピョートル3世）もクーデターで暗殺され、祖母に育てられたため父との関係は微妙。険悪な2人の間で、上手く立ち回る術を早くから身につけざるを得なかったことでしょう。子供の育つ環境としては大いに問題があったようですから、人格形成に多大な影響を与えたようです。

権力、地位、陰謀、暗殺、権謀術数に加えて政略的結婚にハニートラップも含めた愛憎が張り巡らされたうえに、下手をすれば家庭教師や従者、護衛兵にいたるまで身近にいる人物は100％信頼できる相手ではない可能性も。夜もオチオチ寝ていられないという現実。ピョートル大帝の「身近な者はいつか必ず裏切る」を否定できない宮殿で育つのは、子供心にどのような影響を与えるものなのでしょう。なかなか他人に心を許さず、口をきかない幼少期だったと伝わります。表向きは丁重に接する大人たちの胸中、鋭い子供心は何かを感じ取っていたのでしょう。

ともあれナポレオンのロシア侵攻をモスクワの焦土作戦で阻み、ナポレオンが失脚するキッカケをつくったのもこの皇帝。ナポレオンが失脚したことで図らずもヨーロッパ最強の君主になってしまいました。

以後「ヨーロッパの調停者」として新たな国際秩序の再建に乗り出します。

1825年11月、突然熱病にかかり11月19日に48歳で崩御。若く健康だったため突然の死を受け入れることができない人々の間で、「実はアレクサンドル1世は身分を隠して隠遁している」と噂が流れていたということです。

そういえば皇帝があるヨーロッパの君主に500gほどのキャビアをプレゼントしたところ「おかしなロシア人が変なものをくれた」とシェフに煮るように命じたというジョークがあるのですが、アレクサンドル1世にも似たような逸話がありまして、美食についての話し相手だったイギリス大使に話題に出ていたボトビニヤ（野菜の茎、ビーツ、魚の入った冷製スープ）を届けさせたところ、「おかしなロシア人が冷めたスープを届けてきた」と温めるように命じたというお話が。きっと銀製のポットに入れられていたボトビニア、温めたらどんなだったでしょう。

食べ物ってちゃんと食べ方を教えてもらうのがベストということで、知らない食べ物については現地の人に聞いてしまいましょう。

▼ニコライ1世

急逝したアレクサンドル1世の後を継いだのは、祖母エカチェリーナが東ローマ帝国の復活を期待して、コンスタンティヌス大帝にちなんで名付けたコンスタンチンではなく弟のニコライ1世。ポーランド立憲王国の第2代国王でもあります。またポーランドとともにポーランド・リトアニア共和国を構成していたリトアニアの総司令官でもありました。第二代フィンランド大公とポーランドとリトアニアの微妙な立場やこの地域の入り組んで複雑な統治関係の歴史は今も影響を与え続けていることがわかりますよね。でもね、19世紀半ば「ヨーロッパ一の美男子」と評判の皇帝だったそうですよ。

兄のコンスタンチンが帝位を継がなかったのは、ポーランド貴族のアントニオ・グルジンスカ伯爵の娘ヨアンナと結婚していたから。貴族であっても皇族からすれば身分は下というわけで貴賤結婚でした。そのためロシアの皇位継承権を放棄せざるを得なかったのです。帝位よりも女性を選んだコンスタンチンはポーランドに深い愛着を持っていたため、この地を巡って父親のロシア皇帝アレクサンドルとことごとく対立するのですが、所詮ロシア人のコンスタンチンはポーランドでは冷酷な支配者で暴君としか見られませんでした。ドイツ人の祖母のエカチェリーナ女帝がロシアに受け入れられたのとは対照的ですね。皇帝の座より女性を選んだコンスタンチンは1831年コレラにより逝去。

ニコライ1世

で、弟のニコライ1世はというと、これまた戦に明け暮れていたような皇帝時代でした。

政治的には専制的でポーランドの自治権拡大運動やハンガリーの独立運動を鎮圧、汎スラブ主義を築き、不凍港を確保するために南下政策を推進、バルカン半島ではギリシャやセルビアの独立運動を支援しています。

この頃ヨーロッパ各国が東アジアに進出し始めたことから、日本に目をつけ、日露和親条約を締結（この経緯は後述します）。オスマン帝国との間では、クリミア戦争を起こしています。赤十字でおなじみのフローレンス・ナイチンゲールが活躍した戦争ですが、この攻防でロシア軍の軍備の近代化が遅れていることを痛感させられたニコライ1世は、戦争終結前の1855年3月2日インフルエンザで亡くなりました。亡くなる直前の1855年2月7日に、日本国露西亜国通好条約（日露通好条約）が下田で結ばれています。それまでにも北海道（当時の蝦夷）では海産物や毛皮などの取引を通じて、日本との交流はありました。私達が日常使う、「ルイベ」（ロシア語で魚の意味）や「イクラ」魚の卵、ロシアではイクラをクラースナヤ・イクラ（赤い魚の卵）、キャビアはチョールヤナ・イクラと色で区別しています。じゃ、キャビアはというとこれはトルコ語の魚のハラコのカハービア（khaviar）がイタリアに入ってキャビアーロ（caviaro）（caviale）、さらにスペインでキャビアル（caviale）になり、フランスでキャビア（caviar）（caviar）となって日本へというわけでロシア語ではないのです。何でもセイウチやイヴァーシ（鰯）もロシア語だとか。「インテリ」というと「インテリジェンス」と思いがちですが、これもロシア語で知識階級をさす「インテリゲンチャ」が語源。そのほかアジト、ノルマ、カンパ、コンビナートや、駅でお馴染みのキヨスクもロシア語の店という単語。意識していなくても「隣国」の影響は思いのほか日常に浸透しているということですね。

日本では日露通好条約締結の前年1854年3月に日米和親条約を締結しています。鎖国を理由に、通商を閉ざしていた日本が相次いで開国を余儀なくされていた慌ただしい時期でした。

▼アレクサンドル2世

12代皇帝は、長男のアレクサンドル2世。「息子は皇子としてではなく人間として育てたい」というニコライ1世でしたが、優れた為政者となるための帝王教育はきっちりと受けさせていました。そのせいでしょうか、アルクサンドル2世はロシアでは珍しい〝時間厳守の人〟で、特に食事には時間制限を設けてきっちり50分で終わらなければならないとしたのです。まるでブッフェ式食べ放題か飲み放題のようですね。

アレクサンドル2世にとってはお料理の内容より時間厳守を優先させていたのです。

アレクサンドル2世

そういえば現在のロシアのリーダー・プーチン大統領も各国首脳との会談にしょっちゅう遅れてきたと報道されていますが、これそんなに騒ぐほどのことではありません。ヨーロッパでは2、30分の遅れなんて「遅刻」とは思っていないのですから。相手のペースに合わせて約束の時間に「家」を出るくらいでちょうどよいくらいなのです。「待たせる」ことで優位性を示そうとしていたとしたら、なおさら相手のペースに乗せられないように立ち回るのも大事なんです。

父のニコライ1世がクリミア戦争中に亡くなったため、12代皇帝となったわけですが、クリミア戦争には敗北。財政の悪化により植民地だった「アラスカ」を、イギリスに取られるよりはとアメリカに720万ドルで売却（1856年）。北米大陸北西の端で、カナダを挟んだ飛地、もしロシアがこの地を手放していなかったら米ソの関係はどうなっていたのでしょうね。帝国の弱体化を痛感させられたため、資本主義化、工業主義化による経済発展と社会改革こそがロシアを発展させると考える層が現れます。

これに対してアレクサンドル2世は伝統的な専制政治を延命させるという考えでしたが、「近代化」の必要性は認めていたので、ロシアの旧弊性の象徴である「農奴」の解体に手をつけます。さらに司法権の行政権からの独立、国家予算の一本化、国立銀行の創設、軍隊の再構築のため全ての身分の男子の徴兵制等々「遅れ」を取り戻すことに尽力しましたが、自治を求めるポーランドの頻繁なデモ、ベラルーシやウクライナでは民族主義の反乱と不安定な状態が続いていました。

おまけに開放したはずの農民からも支持をえられず、一部の急進化した農民は皇帝、貴族を暗殺することで専制政治の打倒をはかろうとテロが横行。アレクサンドル2世も1867年訪問先のパリで、1880年には冬宮襲撃食堂爆破事件で命を狙われましたが、なんとか無事でした。しかし1881年3月13日サンクトペテルブルク市内でポーランド人のイグナツィ・フリニェビツキが投じた爆弾で暗殺されてしまったのです。

▼アレクサンドル3世

長男のニコライ2世が22歳で亡くなっていたため、次男が13代皇帝アレクサンドル3世となります。

皇帝の座とともに、兄ニコライの婚約者だったデンマークのクリスチャン9世の次女マリー・ソフィア・フレデリケ・ダウマー（マリア・フョードロヴナ）を妃に迎えています。当然政略結婚でした。

当時アレクサンドル3世には「帝位継承権を放棄してでも結婚したい」と考えていた女性がいたのです。偶然にも名前は同じマリアでしたが父から結婚話を持ち出された時、自身の意思よりも皇族としての立場を優先させなければならないことを痛感しマリア・フョードロヴナとの結婚を承諾したのでした。誠実で優しい人柄だったため、結婚してからの家庭は円満で4男2女に恵まれています。よくありがちな他の女性と浮き名を流すようなこともなかったといわれます。

単一原語、単一国家、単一宗教を基本としたアレクサンドルの政策は、ロシアの支配地域でロシア語を強制（除くフィンランド公国）、ドイツ語、スウェーデン語、デンマーク語による教育を禁止、ユダヤ教を排斥、ユダヤ人を迫害し就業まで制限します。さらに自治機関ゼメストヴォを事実上支配下に置き農村の支配と管理権を皇帝に集中させました。一方で支配権と影響力が弱まるばかりの貴族や役人、監督官、搾取される農民の不満と怒りは高まり、前皇帝アレクサンドル2世の暗殺に成功した結社「人民の意思」はアレクサンドル3世の暗殺も謀るのですが、事前に発覚してしまい5人の容疑者が逮捕されてしまいます（1887年5月20日）。

アレクサンドル3世

絞首刑となった容疑者のひとりアレクサンドル・ウリヤノフは、後に革命を指導するウラジーミル・

ウリヤノフ（後のレーニン）の４歳年上の兄でした。革命を指導したレーニンは、ソビエト共和国連邦が成立した１９２２年12月以前から病気がち。ヨセフ・スターリンとレフ・トロツキーの間の後継者を巡る争いがありまして、スターリンがその座についたのはご存知の通り。レーニンはスターリンを粗野な人物としてリーダーとしての資質には疑問を持っていたようです。グルジア出身のレーニン、ウクライナ出身のトロツキー、もしトロツキーが後を継いでいたら少なくともスターリンの粛清や恐怖政治はなかったかもしれません。ともあれレーニンの葬儀を取り仕切ったスターリンが権力を掌握していくのです。これ我が国の織田信長の葬儀を仕切った豊臣秀吉が天下人になっちゃったのと似てますね。

１８８８年アレクサンドル一家を乗せたお召し列車が脱線事故を起こし、崩れる屋根から子供達を守ったアレクサンドルは負傷してしまうのですが、身を挺して家族を守った彼の優しい一面が伝わってきます。この時の怪我が原因でアレクサンドルは腎炎を発症し、１８９４年10月20日に腎不全のため亡くなるのです。

対外的にはドイツ、イギリス、フランスとの問題を抱え、特にビスマルク亡き後のドイツに対抗するためフランスと同盟を結び、イギリス資本を活用したシベリア鉄道の開発など工業的な発展は遂げたのですが、１８９１年から92年はコレラの大流行と飢饉など国内にはアンバランスな社会問題が増大していた時代でした。

父親アレクサンドル２世が暗殺されたことで、テロとの闘いに力を注ぎ危険人物の取り締りと処罰、大学などの高等教育機関は「テロの温床」として検閲と自治の制限など厳しい取り締りを行ないました。まさに内憂外患の状況で問題は山積みでしたが、家族思いの優しい人物で、芸術への理解も深くバレエで有名なマリンスキー劇場にはたびたび出かけられていたようです。そして何よりも「礼儀」を重んじる教養人でした。息子ニコライの婚約者となったヴィクトリア・アリックス公女がお見舞いに訪れた際、衰弱しきっていたにもかかわらず正装に着替えて出迎えたというエピソードが残されています（実のところこの婚約にアレクサンドル3世夫妻は猛反対だったのですが……）。そしてこの10月9日の無理がたたったのか、病状は急激に悪化し10月20日に亡くなります。

彼の名のついたパリのアレクサンドル3世橋はセーヌ川に架けられた橋の中で最も美しいとされ、世界遺産のセーヌ左岸地区に含まれています。この橋はフランス共和国大統領サディ・カルノーとアレクサンドル3世の友情の証として、息子であり後継者のニコライ2世によって、1900年に開かれたパリ万博のために寄贈されたもの。シャンゼリゼ（セーヌ右岸）からグランパレ、プティパレを両サイドにナポレオンの棺のあるアンヴァリッドを正面にセーヌ左岸へ。

セーヌ川に架かるアレクサンドル3世橋

橋の四隅の女神は、芸術、農業、闘争、戦争を表わし、装飾は中世、近代、ルネサンス、ルイ14世時代のフランスを表わしているとされます。そのせいでしょうか、遠回りでもこの橋を歩いて渡ると、歴史に包まれる感じです。

特に夜、アールヌーヴォーの灯りの中ではとても不思議な気分に浸れます。映画やTVでこの橋がよく登場するのも、こうした理由なのでしょう。

カルノー大統領も1894年6月24日、リヨンでイタリア人アナーキストに刺され死亡、残念ながらこの美しい橋を目にしてはいないのです。

この橋を渡る時、もしアレクサンドル3世がもう少し長生きしていたらロシアの、というかロマノフ王朝の歴史はどうなっていたのだろうと、ついつい想像してしまうのです。

5 帝国の最後

▼ニコライ2世

そしてアレクサンドル3世の後を継いだのは、息子のニコライ2世でした。ロマノフ朝14代にして、はからずも最後の皇帝となる運命でした。

ニコライ2世

20代の青年期（1890-1891）には世界旅行を経験しておられます。旅のメインはイギリスとロシアが勢力を争っている極東地域でした。ウィーンからギリシャに向かい、エジプト、インド（イギリス領）、コロンボ（イギリス領）、シンガポール（イギリス領）、サイゴン（フランス領インドシナ）、東インド（オランダ領）、バンコク（タイ）、香港（イギリス領）、上海、広東そして旅の最後は日本でした。

当時の極東を思い浮かべると、ほとんどがヨーロッパの植民地だったことがよくわかります。当時1891年にロシア軍艦で長崎に到着したニコライ皇太子、日本政府は国賓待遇で歓待します。当時の長崎はロシア艦隊の冬の寄港地で、多くのロシア人が住んでいましたから、彼らに案内されて長崎の町をお忍びで（といってもスグに誰だかわかってしまいますけれど）歩き回ったニコライは日本に好印象を持っていたようです。

ニコライ2世が幼少時から亡くなるまで欠かさずつけていた日記に「日本人は男も女も親切で愛想が良く、中国人とは正反対だ」と記しています。直前の上海や広東では、さほど楽しい思いは味わえなかったとしても不思議ではありません。

なにせ彼の国は外国に蹂躙され続けていましたし、3年後の日清戦争敗北後にはどうやって中国を分割しようかとイギリス、ドイツ、ロシア、フランス、日本が喧々諤々となるのですから、愛想なんて振りまいている場合じゃなかったのでしょう。

長崎滞在中に右腕に龍の入れ墨を入れたニコライは、鹿児島（薩摩）、そして瀬戸内海から神戸へ。

▼大津事件

そして京都と存分に日本国内を楽しまれていたのですが、琵琶湖を訪ねた大津から京都への帰り道のこと。人力車に乗っていたニコライ2世に滋賀県警の警察官津田三蔵巡査が切りかかり、右耳上部にキズを負わせるという事件がおこったのです。切り傷そのものはさほど深くはなかったようですが、重たいサーベルで襲われたため頭蓋骨に裂傷が入り後々頭痛に悩まされるようになったのはこの裂傷の後遺症とされています。

列強の中国分割の諷刺図
左からヴィクトリア女王（イギリス）、ヴィルヘルム２世（ドイツ）、ニコライ２世、マリアンヌ（フランス）、サムライ

　この事件の報告を受けた明治天皇はビックリ仰天、ただちに京都に向かいニコライに面会します。お見舞いと犯人への憤りを伝え、犯人はただちに処罰すると約束し、回復次第予定通り東京を訪問されるようにと要望したのですが、ニコライは天皇と日本国民が示してくれた厚意には感謝をしているが、旅程については父母の指示を仰ぐ必要があるとして確約を避けました。後日アレクサンドル3世の指示により東京訪問は中止、5月19日に帰国することになります。これを残念に思し召した明治天皇は、神戸ご用邸の晩餐に招待されたのですが、ニコライは固辞。代わりにロシア軍艦上での晩餐に天皇を招待したのです。天皇はこれを快諾されたというのですが、さあ周りが大騒動。「外国の軍艦に乗るなど何が起きるかわからない！」と反発が起こります。

　天皇は「文明国のロシアが蛮行に及ぶはずがない」とされ予定通り軍艦上の晩餐にご出席。天皇の謝罪に対して「どこの国にもオカシナ人間はいるものであり、幸い軽症だったので陛下がご憂慮されるには及びません」とニコライは、親しく談笑されたということです。また日本の世論もニコライに同情的で、ニコライ宛に日本中から手紙や贈り物が届けられ、これに対する感謝を離日直前の新聞に侍従武官長バリャティンスキーの名前で載せています。

　ニコライの日記によると、「慌てて人力車から降りて逃げ出した私を追いかける津田を日本人の群衆は誰ひとり止めようともしなかった。群衆の中に逃げ込もうとしたが、群衆は四散して誰もいなくなっていた」ということが書かれており、実のところ日本人の心象は決して良いものではなくなったようです。助けるわけでもなく、犯人をとりおさえるでもなくただ傍観するばかりの群衆というのが理解できなかったのかもしれません。

明治天皇が直接謝罪されたことで多少緩和されたとはいえ、ニコライに日本人に対する嫌悪感を持たせてしまった事件でした。以後日本人を「猿」と呼ぶようになったとか。下手をしたらロシア艦隊が報復のために襲ってきても不思議じゃないほどの大事件、実際「ロシアが攻めてくる」と噂が流れ騒ぎになったほどでした。でもニコライの日本に対する好印象をガラリと変えてしまったのは事実のようで、帝政末期の首相セルゲイ・ヴッチは、ニコライの日本人蔑視が日露戦争を招いたと分析しているほどですからよほど根深い傷を負わせてしまったということと推察されます。

▼皇太子妃アリックス

父アレクサンドル3世が49歳で死去したため、後々まで帝位に就いた時はまだ準備ができていなかったと言われるニコライ2世。26歳の若い皇帝は、ドイツヘッセン大公の末娘でヴィクトリア女王の孫娘アリックスと恋愛中でした。彼女の姉エリザベータの結婚式で、お互いを見初めて以来文通を交わすなどして、日記に「ヘッセン家のアリックスとの結婚が夢」とまで記していたほどでした。

ニコライは6歳から50歳で亡くなるまで欠かさず日記を書いていたほど几帳面な性格だったのです。

プロテスタントのアリックスは皇帝の妃はロシア正教徒でなければならないという伝統に従うことに抵抗を覚え、ニコライとの結婚をあきらめようとまでするのですが、「ロシア正教とプロテスタントの教義の違いなど、たいしたことではないわ。好きな人と一緒になるのが一番よ」とためらうアリックスの背中を押したのは、祖母のヴィクトリア女王でした。

イギリスにとってロシアと結びつくことは安全保障でもあったからです。孫娘の結婚とはいえ、ちゃっかり国益と結びつけるなど、さすが深謀遠慮のイギリスだわと感心させられます。

ロシア正教に改宗したアリックスは、アレクサンドラ・フョードロヴナと改名します。すぐにでも結婚したいというニコライは、「せめて先帝の喪が明けるまで」と親族に説得されます。結婚式が行なわれたのは、喪が開けるどころか先帝の葬儀のわずか1週間後のことでした。アレクサンドラが「柩の後からやって来た花嫁」と称されるのはこのためなのです。

そして2年後の1896年、ニコライ2世の戴冠式でのこと……。ニコライが首にかけていた聖アンドレイ勲章の重みで鎖が外れ、荘厳な式の最中にズシ～ン（？）という大きな音を立てて床に落ちるという出来事が。荘厳な雰囲気の中で粛々と進められる儀式、どんな小さな「雑音」でも参列者の耳目を集めるものですよね。ましてや重量のある勲章が音を立てて床に落ちるなど想像を絶する出来事でした。しかも皇帝の首から外れるなんて……、「なんと不吉なこと」と十字をきった参列者も多かったはず。

厳重な箝口令がしかれたというのですが、数日後軍隊演習場の塹壕のあるホディンカ広場で催された記念祝賀会で、押し寄せていた50万ともいわれる大群衆の重みで塹壕を覆っていた厚板が割れ、将棋倒しになった群衆の1500人近くが圧死し、1300人を超す重傷者を出した大惨事は箝口令などしきようもない出来事でした。報告を受けた新皇帝夫妻は公式行事をキャンセルしてお見舞いと視察に出かけたいというのですが、外交のほうが重要と側近に説き伏せられ何事もなかったかのように舞踏会や公式行事に出席せざるを得ませんでした。この結果「国民に無関心で冷淡」と受け止められることになってしまいました。「お見舞いに行きたい」という皇帝夫妻の心情など伝わるはずもなく、このホディンカの惨事は国民の間に反感を芽生えさせることにも繋がっていきました。結果論でしかありませんが、ニコライ2世とアレクサンドラには滑り出しから不吉な影がつきまとっていたということになりますね。

そういえば、フランス革命でギロチンにかけられたマリー・アントワネットの結婚でも、結婚証書にサインをする時に緊張したせいでしょうか、名前に大きなインクのシミを付けてしまったこと、ルイ15世広場（現在のコンコルド広場）で開かれた祝祭の花火が何かの弾みで引火したらしく、大きな火事が……。132人の犠牲者を出した事故とこちらも不吉な予兆があったのも何かの偶然でしょうか。

マリー・アントワネット結婚証書のシミ

ニコライとアレクサンドラの2人が、もし単なる貴族だったら平穏で幸せに暮らせたかもしれないと思えるのですが、なにしろ地球上の大地の六分の一という領土を治める皇帝の立場、さらにヨーロッパでは18世紀末のフランス革命をきっかけに王制が終わりを告げ、市民が台頭しつつある時代の変化、ロシアはそんな時代にまたしても立ち遅れ、近代化を推進しなければならない状況だったのです。

政情や国内の不安定さで落ち着かない宮廷、そのうえ結婚に反対していた皇太后マリアの存在がアレクサンドラにとっては重しのようなもの。というのも内気で恥ずかしがり屋のアレクサンドラは、「社交」が大切とされる宮廷向きではないというのが最大の理由。義母のマリア妃は陽気で社交的でしたから、アレクサンドラの内気さは「冷たい」とか「お高くとまっている」と受け取られてしまうのでした。

姑のマリア皇太后（デンマーク出身）は明るく社交的で、どの階級の相手とも話のできる柔軟さの持ち主。「ロシアの母」として国民にも愛されている皇后でした。息子の嫁にはベルギー、オランダ、イギリスからと考えていたうえに、大のドイツ嫌い（故国デンマークとドイツの中間に位置するシュレースビッヒ＝ホルスタイン公国の帰属を巡る争いがその要因）。そして「アレクサンドラ」はマリアと仲の良い姉と同じ名前、「アリックス」という愛称まで同じというのも気にいらないのです。わざわざ「ヘッセン大公女アレクサンドラ」と呼んで区別していたというのです。アレクサンドル３世が存命していたならニコライが結婚にこぎつけていたかは歴史の「if」ですが、反対していたことは確かでしたがうやむやなまま崩御してしまったのでした。

▼皇太后マリアvs皇后アレクサンドラ

「あの娘はまだ子供です。ロシア帝国の皇后として果たすべき役目を全くわかっていないのです」というマリア皇太后の懸念は的中してしまうのですが……。ともかく父の葬儀もそこそこにニコライはアレクサンドラと結婚してしまいました。

マリア皇太后のアレクサンドラに対する態度は、冷たく素っ気ないものだったと伝わります。アレクサンドラ宛の招待状をわざと渡さなかったり、服装についてもあれこれクレームをつけたりと一挙手一投足にわたる結構な嫁イビリをやっていたようですよ。それでなくても内気で人見知りな性格のアレクサンドラはますます引き込もるようになってしまいます。

何事も派手で大げさなロシア宮廷に馴染めないアリックスは、社交的活動より慈善活動を熱心に行なうようになりますが、これは世間の注目するところではありません。宮廷の中心は、未亡人とはいえまだ若く（47歳）社交的なマリア皇太后のまま、アリックスはますます引っ込み思案に……。というわけで嫁姑の溝は深まるばかりでした。

こんな時、嫁として起死回生の術は「お世継ぎの男の子」を産むことなのでしょうが、結婚の翌年に生まれたのは長女のオリガ。ロマノフの伝統として男子が誕生すると300発の号砲、女子は101発が鳴り響くことになっていました。期待を胸に待ち望んでいた号砲が101発だったことは、国民のみならず皇太后をもガッカリさせてしまったことでしょう。嫁には冷たかった皇太后でしたが、孫達にはとても優しいお祖母チャマだったということですよ。

ニコライ２世戴冠式

戴冠式が行なわれたのは1896年、この公式記録とされる絵画がありまして不思議なことに視線を捉えるのは、マリア皇太后。王冠を戴いたニコライでも傍らに寄り添うアレクサンドラでもなく、脇役のはずのマリア皇太后……。画家の目には皇室の力関係というか、内側からのオーラのようなものが見えていたのでしょうか。どうもよ〜わから

山縣有朋

伏見宮貞愛親王

ん摩訶不思議な絵なんです。

ちなみにこの戴冠式には、日本から明治天皇の名代として伏見宮貞愛親王と山縣有朋特命全権大使のお二人が出席されています。

▼待たれるお世継ぎ

戴冠式の翌年には次女タチアナが誕生、この時も号砲は１０１発でした。

子供達の養育が一番の関心事となったアレクサンドラは、苦手な姑のいる窮屈なサンクトペテルブルクの宮廷から遠ざかり、郊外のツァールスコエ・セローの夏の宮殿アレクサンドロフスキーに生活の中心を移し、永住さえ希望していたのです。煙たい姑、宮廷の公用語はフランス語か苦手なロシア語、美しさと精神世界を一体化させるロシア正教の絢爛豪華な空間は、ドイツ人とはいえ6歳からイギリスで育ち、ほぼイギリス人といえる堅実なアレクサンドラにとっては理解しがたい世界だったようです。何がなんでもロシア人になりきろうとしたエカチェリーナ女帝とは対極的ですね。皇后を気遣う家庭人のニコライは政務のために、サンクトペテルブルクに通っていたのです。

宮廷から離れて少人数の使用人と過ごす一家団欒の静かな暮らしの中、１８９９年には三女マリーア、１９０１年には四女アナスターシャが生まれます。

▼最後の皇太子

そして1904年7月30日、待ちに待った300発の号砲が鳴り響き、待望の男子誕生が知らされたのです。

「皇太子万歳！」

アレクセイ・ニコラエヴィッチ・ロマノフ、帝国最後の皇太子になるなど誰が予測しえたでしょう？

末っ子の後継ぎですから、誰にでも可愛がられていましたが、幼い息子が生後一月半を迎えた頃、お臍からの出血が3日間も止まらず、当時「王家の病」とされた不治の血友病に冒されていることに気づかされたアレクサンドラの心境は……。この病に悩まされた親族の男性が少なくないのですから、彼女は息子の病は自分の家系にあると直感したことでしょう。

皇太子アレクセイ

母親にとってこれは本当に最悪の事態です。しかも息子は帝位の後継者、フランス革命を機に時代の主役が民衆に移りつつあるにもかかわらず、「忘れがたい父が守ったごとく、専制政治の原則を断固ひるむことなく維持するであろう」と宣言し、専制君主体制を子孫に引き継ぐことが自分の義務と信じてやまなかったニコライ2世にとって「民衆の声に耳を傾ける」なぞとんでもないことで、「ロシアの人民は専制君主体制を敬愛し、不満を抱えてこの体制を転覆するような不埒な輩はほんの一握りにすぎず、民衆を代弁するものではない」とまで仰せになる始末。現状と彼の信念にはかなりのズレが生じていたのです。

これには幼い頃の教育係コンスタンチン・ペトロヴィッチ・ポペドノスツェフの影響を否定できないはずです。彼によればヨーロッパの自由や人間性の解放は「ニヒリズムに取り憑かれた若者の危険な妄想」で、民主主義は「下品な民衆の手に負えない独裁政治」であると拒絶していたのですから、ヨーロッパの新しい風に心を閉ざしたのも道理です。その結果、またしても近代化に乗り遅れることになってしまいました（しかし、21世紀の世界を眺めると民主主義は下品な民衆の手に負えない独裁政治というのも一理あるような気が……）。ニコライ2世が病を抱えたアレクセイに引き継がせようとしていたのは、これまた土台が揺らいだ帝国だったのです。

公にすることなどできない皇太子の病気は「極秘」とされ親族にも明かされず、事実を知っているのは両親と主治医の数人でした。ともかく怪我をさせないこと、それでも男の子ですから一人歩きができるようになると活発になり危ないことをしたがるもの。切り傷や打撲のような内出血が、生命を脅かすことにつながるのです。2人のボディーガードが、常時アレクセイに付き添っていましたが、全てのリスクを回避することは不可能というもの。実際、数回怪我をして、生命が危ういことさえありました。出血するとかなりの痛みを伴うようで、痛みで苦しむアレクセイにつきそいながら祈るしかできないアレクサンドラでした。

彼女はもともと神経質でしたから、秘密を抱えたハラハラ・ドキドキはかなりのストレスとなり、鬱病のような症状に陥ったり、ヒステリーをおこしたりと周囲を戸惑わせることが多くなりました。八つ当たりされた使用人の中には、革命時に皇帝一家の悪口や暴露話で憂さ晴らしをした者も少なくないはず。ロシアでアレクサンドラの評判があまりよろしくないのは、こんなことも原因のひとつになっているようです。

四六時中頭を離れることのないアレクセイの病気。なんとか無事に育って欲しい……、祈るしかないアレクサンドラの前に現れたのが、グリゴリー・エフィモヴィッチ・ラスプーチン。怪僧と呼ばれた人物です。

女性に囲まれたラスプーチン

▼ラスプーチン

1869年シベリアのポクロフスコエ村に生まれたラスプーチンは、30歳直前で突然啓示を受けたと修行の旅に。何カ所かの修道院で修行を重ね、サンクトペテルブルクにやってきたのは1905年のことでした。この頃には病気を治療するとか一握りの土を薔薇に変えたとか、足の悪い病人が「立ち上がって歩きなさい」と言われただけで歩けるようになったとか……、さながら福音書にあるキリストの奇跡のようですが、都に到着する前から「奇跡の行者」として人々に知られていたのです。

奇跡ばかりではなくヨカラヌ噂話とともに。ご想像のとおりヨカラヌ噂話は、女性がらみのことで枚挙に暇はありません。

20世紀初頭は神秘主義が流行していた時代です。ロシアも例外ではなく特に上流階級の間でもてはやされており、ラスプーチンの予知能力と病気の治療は効果があったらしく「押すな、押すな」の行列で門前市をなす状況だったといわれます。ラスプーチンに近づくために2日でも待ち続けているほど、予言と治療の評判が伝わっていたのです。特に貴族と宮廷の女性には絶大な人気だったというのは？？？　どうやら女性達の治療には「巨大な逸物」で当たっていたとか、弓削道鏡も真っ青というところかしら。娘のマリア・ラスプーチンでさえ否定していないところを見ると……、ホントらしい。そういえば18世紀のフランスにはサンジェルマン伯爵という「ヨーロッパ最大の謎」とされた不老不死の人物がいましたっけ。この不老不死とされる伯爵も興味深いのですが……。

話をラスプーチンに戻しましょう。彼が皇帝夫妻に謁見したのは、日露戦争に敗北した1905年の11月でした。この時は神秘主義というかオカルトに傾倒していたミリツァ大公妃（ニコライ1世の三男の妻）の紹介でした。ニコライ1世の孫2人、ニコライ・ニコラェヴィッチ大公夫妻と弟のピョートル夫妻は宮廷に大きな影響力を持ち、この4人が「邪悪な権力の中心」として宮廷を牛耳っているような状況で、皇帝夫妻とマリア皇太后は辟易していました（四人組ってどこかの国でもありましたね）。以前ニコライ・ニコラェヴィッチ大公に紹介されたスイス人の神秘家フィリップ・ヴァショという人物は真っ赤な偽物でしたから、ニコライ2世としては今回も「ヤレヤレ、またですか」と初対面は軽く受け流してしまいました。

ウラル山脈の農家に生まれたラスプーチンは、幼い頃から予知能力のようなものを持っていたようでして、20歳の時に空中で手招きをする聖母マリアを見たことから、突然聖地エルサレムに巡礼し修行僧となり研鑽を重ねます。

祈禱僧を自認し、多くの重病人を治療したことから「神の人」「イエスの再来」「奇跡の行者」という評判が高まっていました。実際ニコライ2世も、１９０６年10月に爆弾テロで負傷したピョートル・ストルイピンの娘の治療のためにラスプーチンを頼っています。

そして翌年まだ3歳にもなっていなかったアレクセイが、何かのはずみで出血し止まらなくなってしまった時に、ラスプーチンを呼び出したのです。駆けつけたラスプーチンは、祈禱した後「ご安心下さい。すぐに快方に向かわれます」と言ったのです。

すると……、あら不思議……。アレクセイの出血が止まったばかりか痛みも和らぎ症状が回復してしまったのです。

当然侍医達は懐疑的でアレコレ言いますが、ともかくアレクセイの症状はラスプーチンの祈禱と秘術（？）で改善されることが続いたため、皇帝夫妻の絶大な信頼を得てしまいます。これは親の立場になって考えてみれば、ごく自然なことですよね。快活で明るい性格だったといわれるアレクセイでしたから、出血と痛みでベッドに縛り付けられている姿には周囲の誰もが落ち込み、塞いだ気持ちになったでしょう。そんな気分を一掃させアレクセイを快方に向かわせてくれるラスプーチンが、どれほど頼りになる存在だったことか。皇帝夫妻から「我らの友」とか「聖なる男」と呼ばれ

ニコライ２世夫妻とアレクセイ

るほどの信頼を得た、かなりカリスマ性のある人物だったようです。

　ニコライ2世の即位15周年を祝った頃から日露戦争による経済の疲弊で貧しい労働者や農民の不満はいっそう激しいものとなり、世情は帝政打倒の運動に向かい始めていました。それでもこうした労働者階級の不平不満を深刻に捉えてはいませんでした。「民」に愛され親しまれる皇帝を目指していたはずですが、皇帝にとって「民」を代表するのはラスプーチンだったのです。農夫の息子として生まれ、正規の教育も受けず修行によって神と一体であるというラスプーチンの不思議な力と粗野な言葉遣い、皇帝を「ニッキー」と呼んではばからないラスプーチンの宮廷での傍若無人さと接することで農民と親しくしていると勘違いしていたのかもしれません。

　彼の治療法は催眠術とかアスピリン療法だったのではないかと批判されていますが、もしかしたらインドや中国の伝統的な治療法である気功のようなものだったのかもしれません。

　ラスプーチンが旅行中にアレクセイが重体だとの電報が宮殿から届いた時には「念」を入れた電報が返送され、これを受け取ると不思議なことにアレクセイが回復したこともあったというのですから、皇帝夫妻はどれほど頼もしく思っていたことか。特にロシアになじめないまま息子の体調を気遣う日々を過ごしていたアレクサンドラにとっては、唯一心を許せる話し相手となったことは想像に難くありません。皇后のラスプーチンへの入れ込みようはひとかたならないものだったため、皇后はラスプーチンの情婦という噂がロシア中に広まりました。昔も今も大衆はゴシップ好きですから、噂が噂を呼んで皇室に対する怒りさえ生まれていたのです。

　皇帝ですら「トボリスク出身の神のごとき人物グリゴリー」と呼んでいたのですから、夫妻の信頼は尋常とは言えません。ただ「病気治しの祈禱師」であればどれほど皇帝夫妻に寵愛され優遇されたとしても、医師団以外に不満の声を上げることはなかったかもしれませんが、政治的なアドバイスというか予言のようなものを口にし始めるようになるのです。ラスプーチンは次第にそれを、疑うことなく信じるまでになっていたのです。しかも皇帝夫妻は

▼政治に口を出し始めたラスプーチン

1908年にオーストリアがボスニアとヘルツェゴビナを突然併合したことで、戦争は必至という状況になりました。この時、ラスプーチンが「バルカンなどロシアの一兵卒の命にも値しないので、戦争などお止めなさい」と皇帝を説得、ラスプーチンを信じ切っていた皇帝はこれにしたがってオーストリアの暴挙（?・）を認めるということがありました。これ以来オーストリアとの反目が続き、1914年オーストリアがセルビアの首都ベオグラードに砲撃をしたことで、ロシアが総動員令をかけることにつながるのです。国政にまで口をはさむ怪しげな僧を、貴族達が快く思わないのは当然のこと。ラスプーチンを重用する皇室にも、不満が向けられるようになります。

社会不安が広がりつつある大戦直前の1913年、ロマノフ朝300周年記念祭が盛大に行なわれました（この映像ご覧になったことがあるかもしれません）。集まった大群衆は皇帝一家のひとりひとりに歓呼の声をあげて迎えました。今にしてみれば、王朝最後の輝かしい時でした。

そして翌1914年、アレクセイがどうにか10歳を迎えた年に第一次世界大戦が始まったのです。この大戦への参戦もラスプーチンは反対していたのです。

ただ皇帝が参戦を決めた時、ラスプーチンは遠く離れたチュメニの病院に入院中でした。というのは故郷ボクロフスコエ村でキニア・クセヴァという少々頭のおかしい女性に下腹部を刺され腸がはみ

ロマノフ朝300周年記念祭

出すほどの重症を負ったためでした。かねてから「自分が生きている間は皇帝の地位は安泰だが、もし自分が死んだら皇帝夫妻は玉座も生命も失くすことになるだろう」と予言をしていたラスプーチンですから、ここで死ぬわけにはいきません。

動員令を耳にしたラスプーチンは「戦争を回避するべき」と電報を打ったのですが、聞き入れられることはありませんでした。戦に沸き立つ民衆を止めようものなら、その怒りは自分に向けられるかもしれないのです、怒りすら覚えた皇帝は戦争に突き進んだのです。もし、ラスプーチンが傍にいて説得に成功し、皇帝が思いとどまっていたら、ロシアの歴史とその後の世界は違ったものになっていたかもしれないのですが……。

▼第一次世界大戦とその後

大戦中皇帝が本営に赴く時には、アレクセイを同行させることもありました。明るく無邪気な皇太子は外国の将校達にも可愛がられていたのです。本人にとっては楽しみでありチョッピリ誇らしい気分を味わっていたのかもしれませんが、病気のことを知っている皇帝と侍医は、片時も目を離せず気がかりだったに違いありません。当然アレクサンドラは猛反対でしたが、いずれは皇帝を継ぎ軍隊を統帥しなければならない身です。そして病気のことは口にできない秘密です。黙って送り出すしかありませんでした。一方の皇帝は、自分と医師以外は知る由もない病を気にかけつつも、狭い本営の宿舎で息子と過ごし外国の将校達にも可愛がられる様子を目にするのが楽しみでもあったようです。そしてアレクセイは、新たな経験を通じてよりいっそう父親を誇らしく感じていました。そしていつの日か自分がその座を受け継ぐという自覚を、幼いながらも心に刻んでいたのです。

　ところが、すぐに終わるだろうと思われていた大戦は長引くばかり、極東の小国日本に敗北した日露戦争、不安定な経済、国民の間に募る不満は帝政への反発となり各地で一揆や反乱が勃発していました。広大なロシアの地方で噴出する農民の深刻な「怒り」を宮廷と貴族達はどの程度深刻に受け止めていたのでしょう。「帝政」が時代にそぐわないものとなっているという現実を、認めることはありませんでした。

アレクセイ皇太子

　そして宮廷では皇帝一家というか皇帝夫妻の最大の関心事は、相変わらず後継者アレクセイの健康状態でした。体制や民衆の不満など気遣う余裕もなく、後回しになっていたのです。

　彼の病気は「最高機密」で親族にすら秘密にしていたというのですから、4人の姉達ですら真相を知らされていたかどうか……。ただ病弱としか受け止めていなかったかもしれません。

嫁いだ時からなじめない宮廷生活、ひと時も気を許すことのできない貴族と親族に囲まれて孤立を深める皇后が唯一頼れるのはラスプーチン。こうした皇后の姿は、より一層国民の反発を強めることになってしまったのです。

母、妻としてはごく当然と思えるアレクサンドラの姿は、一般の家庭であれば許されるものですが、何しろロシア皇帝の妻というのは「ロシア国民の母」としての大きな役割があるのです。自らその座に昇りつめたエカチェリーナ2世とは正反対のアレクサンドラは、「国民の母」よりはニコライの妻そして子供達の母として「家庭」を優先させてしまったのです。

平時であればさほど問題視されなかったかもしれないのですが、なにしろ国情の危うい時ですから国民のみならず貴族の間にも不平と不満は沸き上がる一方でした。真っ先にその矛先を向けられたのが、「皇后を意のままに操り宮廷を牛耳っている」とされたラスプーチンでした。実際は皇后が自分の都合の良いようにラスプーチンを通じて内政を動かしていたという説もあり、すべての責任をラスプーチンにと実際以上の悪役にされてしまったようです。最近ロシアではロマノフ王朝を再評価する動きがあり、研究が進められているため近い将来ラスプーチンの実像があきらかになる日が来るかもしれません。

そして1916年12月17日、「救世主」ラスプーチンが敵対する貴族達によって「暗殺」されてしまうのです。暗殺の首謀者は皇帝と姻戚関係にある名門貴族のフェリックス・ユスポス。改築したモイカ宮殿の晩餐に招待したのです。ラスプーチンは「何かある」と感じてもよさそうなのに応じてしまったのは、ユスポスの奥方イリナとお近づきになりたいためだったとか。その瞠目すべき（?）女性関係には定評のあるラスプーチンのこと、期待に胸を膨らませてユスポス宅へ。そのイリナが注いでくれる高級ワインを飲みながらユスポスと政治談義や神秘主義について語り合っていました。勧められるまま杯を重ねるラスプーチン……。ユスポス夫妻は動揺を悟られまいと必死でした。なぜならそのワインとふるまったケーキには致死量の10倍もの青酸カリが混入されていたというのですから。致死量をはるかに上回る青酸カリが体内に入っているはずなのに、心地よさそうに眠り始めたラスプーチン。「一体これは?」と驚愕しながら、「何が何でも決着をつける」と固い決意のユスポスは銃を握りしめるとラスプーチンの背後から引き金を引いたのです。銃弾は心臓と肺を貫きました。「これで片付いた」と胸のつかえがとれた思いのユスポスでしたが、ホッとしたのも束の間のことでした。信じられないことに目の前で床に倒れ込んだラスプーチンがやおら起き上がると、ヨロヨロと出口に向かって歩いているではありませんか。

「逃がすわけにはいかない!」呆気にとられながらも、さらに銃弾を発射。

雪の上に倒れたラスプーチンをユスポスと仲間の貴族が滅多撃ちにしますが、それでもまだ死なない……。ロープで手足を縛り上げると凍りついたネヴァ川に穴を開けペトロフスキー橋から投げ込んだのです。

暗殺に加わっていたのは、ドミトリー大公、プリンシケヴィッチ、ラゾヴェルト、スホーチン大尉、ニコライ1世の孫フョードル・アレクサンドロヴィッチ、ニキータ・アレクサンドロヴィッチ他数名の女性達。これで暗殺完了のはずでしたが、モイカ宮殿での数発の銃声は付近を巡回中の警察が耳にしていたのです。さらに宮殿から走りでる車を目撃したため、翌早朝ラスプーチンの自宅を訪ね娘マリアに彼の所在を確認したところ「不明」とのこと。

この報告を受けたアレクサンドラが捜査を命じ、12月19日の朝早くペトロフスキー橋から140mほどの地点でラスプーチンの遺体とコートが発見されたのです。

検死結果は頭部に銃弾を受けたためとされましたが、この報告書は何故か消失してしまったため（どこかの国のお役所とソックリ！）、ラスプーチンの死因は肺に水が入っていたため「溺死」とか「自力で泳いで岸に辿りつき、十字を切った」とか「怪僧」伝説に拍車をかける説が語られるようになりました。実際には、彼の肺からは水は検出されず、胃からはアルコールが検出されただけで青酸カリやその他の毒物は検出されなかったというのですから、致死量の10倍も入れられたという青酸カリは入手した時点で偽物だったのか、何らかの理由で毒性が失われていたではないかとされています。

不思議なことにラスプーチンはその前月11月にニコライ2世に宛てた遺言書のようなものを送っているのです。「私の生涯は来年（1917年）1月1日以前に終わりを告げるでしょう。その暇乞いに参りました。私を殺す者が農民であれば、皇室は数百年にわたって安泰でしょう。しかし、もし私を殺す者の中に陛下のご一族がおられれば、2年以内に陛下とご家族は悲惨な最後を遂げられるでしょう。そしてロシアでは長きにわたって多くの血が流されることになるでしょう」。どうやら彼の予知能力は自分の運命までをも見通していたようです。

ラスプーチンの死は、皇帝夫妻にとっては大きな打撃でした。「頼みの綱」を失ったことで、ロマノフ家の命運が尽きつつあることを感じていたのかもしれません。ラスプーチンの暗殺を知った皇帝夫妻とロマノフの人々は、従兄のドミトリー大公が関与していたことに気づいていました。シベリア送りを要求する皇后と減刑嘆願書に署名するロマノフ一族、皇帝は悩みます。そしてドミトリーは、過酷なペルシャの前線に送られることになりました。一方ラスプーチンは皇帝一家によって、宮廷内に埋葬されたとされています。アレクセイは「なぜ暗殺者を死刑にしないのか？」と泣きながら抗議したといわれます。彼にとって何度も命を救ってくれたラスプーチンの存在は、何ものにも代えがたい大きな存在だったことがうかがわれますね。

▼暗殺一味ドミトリー大公

ドミトリー大公とシャネル

ペルシャに送られたドミトリーは上官の計らいで戦地から逃れてイギリスへ、その後アメリカに向かいます。どこの国でも長身でハンサム、陽気で遊び上手なドミトリーは社交界の中心に迎えられました。１９２０年パリに移り住んだ大公は、シャネルと出会い交際を始めます。宮廷育ちの彼から多くの影響を受けたシャネルでしたが、その最大のものはサンクトペテルブルク時代の人脈を通じて、紹介された調香師エルネスト・ボーかもしれません。何しろこの出会いがなければ、あの「Chanel No. 5」は生まれていなかったかもしれないのですから。世の中って何処で何が起きるかわからない不思議なものです。

Ⅱ　そして革命が

ペトログラードのデモ

ドミトリーがペルシャ前線に送られて数カ月もしない1917年に2月革命が勃発。2月23日ペトログラードのヴィボルグ地区の女性労働者が食料不足の不満から国際婦人デーにあわせて「パンをよこせ」を要求したデモを実施（フランス革命でも発端は「パンをよこせ」でした。これもロシアとフランスの似たところ?･)。これに触発された他の労働者達がデモとストを敢行、数日の間に全市に拡がり、要求も「食料不足の解消」から「戦争反対」、「専制打倒」へと変わっていきます。皇帝に鎮圧を命じられ各地に向かった兵士達までが、次々と反乱を起こして労働者側につくという事態に。2月27日、兵士と労働者はペトログラード・ソビエトを結成してしまいます。同じ日に帝政ロシアの議会であるドゥーマの議員は、議長のもとで臨時委員会を設置し新政府の設立に動き始めるという二重権力の慌ただしいことになるのです。ドゥーマ臨時委員会は臨時政府を樹立し、退位を迫られたニコライ2世は「我が忠実なる息子達に呼びかける。私がロシア帝国の皇位を退き権力を放棄することが最善の方策と思われる。神よ、ロシアを守りたまえ」と弟のミハイル・アレクサンドロヴィッチ大公への譲位を受け入れるのですが、ミハイル大公はこれを拒否。帝位を継ぐ人物のいないままロマノフ朝は終焉を迎えたのです。

1　ロマノフ朝の終焉

ニコライはツァールスコエ・セローの家族のもとに戻ることはできましたが、以後一家は敷地から出ることを許されない軟禁状態に置かれました。庭を耕して野菜を植え、冬に備えて薪を集めるという自給自足の生活でした。家族と10人ほどの従者の静かで落ち着いた日々を過ごしたのです。もしこれが明日どうなるかわからないという状況でなければ、アレクサンドラが望んでいた〝愛するニコライと子供達との普通の暮らし〟だったかもしれません。

ツァールスコエ・セローの邸宅

そして1917年10月、レーニンが武装蜂起し社会主義政権が樹立されます。1918年4月、シベリアのトボリスクで革命政府の監視下で軟禁状態に置かれたロマノフ一家でしたが、娘達は看守の目の届かないところで亡命後の家族の資金として衣服の裾にダイヤモンドや多くの宝石を縫い込んでいました。なにしろ皇后アレクサンドラは宝飾品の大コレクションを持っていたのです。そのなかには極めてユニークなものも数多く、茶色の薔薇の形をしたダイヤモンドがあしらわれたファベルジェ工房のブローチや、ブドウの大きさの真珠ばかりを選んで作った長さ2ｍのネックレスなどの稀少な品が揃っていたのです。皇后と娘たちは、服の下にネックレスを隠したり、ボタンの代わりにダイヤモンドを縫いつけたり、身に着けきれないものは、帽子の裏地やヴェルベットのベルトや下着の中などにできるだけ縫い込むことにしていました。

イパチェフ館の地下室

▼皇帝一家の処刑

8月にシベリア送りとなっていた皇帝一家は翌年4月エカチェリンブルクのイパチェフ館（接収した商人の館をニコライ一家を幽閉する建物として使用。この館は1977年エリツィン大統領の命令によって取り壊され、後に教会が建てられました）に移送されます。移送の度に厳しさが増す生活でしたが、家族が離れ離れにならなかったのは唯一の救いだったかもしれません。そして7月16日の深夜、イパチェフ館の地下室で家族全員と随伴者あわせて11人が銃殺されたのです。この時病身のアレクセイは革命の混乱と今後に備えるためというアレクサンドラの指示で、たくさんの宝石を縫い込んだ下着を身につけており、これがシールドとなって銃弾を浴びせられてもなかなか絶命せず、驚愕した兵士が頭に2、3発打込んだというのです。娘達も同様に服に縫い込まれた宝石が弾を跳ね返したため、数発の銃弾が浴びせられることになったのです。子供達の盾となった宝石は、当然ボルシェビキの兵士達の手に落ちてしまいました。

迅速に片付けられた遺体は長らく所在不明とされましたが、ソビエト崩壊後の1997年ウラル地方から送られた一家の遺骨は、ロシア皇帝代々の墓所であるペトロパブロフスク教会に設けられたニコライ一家の部屋に納められました。この時DNA鑑定のために、大津事件で負傷したニコライの血痕の残るハンカチも鑑定に一役買っています。そして2000年にはニコライ一家は、国家の犠牲となった殉教者としてロシア正教の聖人に祀られたのです。

時代の波に翻弄されたともいえるニコライ一家の悲劇的な死の後、実はアレクセイは生きていたとか四女のアナスターシャも生存しているといった噂が流れ、自称アレクセイやアナスターシャが次々と現れました。ロマノフの莫大な遺産目当てだったのでしょうが、中には信憑性の高いものもありアンナ・アンダーソンという人物をモデルにした「追憶」という映画まで作られています。

ニコライ２世一家

一時はヤルタに幽閉されていたマリア皇太后と娘一家は甥のイギリス国王ジョージ5世の差し向けた戦艦マールバラに救出され脱出、イスタンブールに向かう途中で皇帝一家殺害について知らされますが、公式文書の受け取りは拒否しています。皇太后は息子一家の生存を信じていたからでした。マリア皇太后は最終的には母国デンマークに亡命し、甥のクリスチャン10世の厚遇を受けたため社交的なマリアの周囲には訪れる人が絶えることはなかったとか。

生涯皇帝一家の死を認めず、孫のアナスターシャを名乗る女性が現れても決して面会はしませんでした（映画は違ったストーリーですが……）。

「私は息子も嫁も孫達も存命しているのを知っている」と頑固に言い張っていたとか……。残酷な結末は信じられず、自分だけの空想の世界に浸っていたかったのかもしれません。そのマリア皇太后、脱出する際にたくさんの宝石を持ち出していました。さすが長年にわたって皇室を支えたしっかり者というべきか……。多大な援助をしていたデンマーク王室が生活のために売却してはと提案しましたが、姉アレクサンドラの夫であるイギリスのエドワード7世が金銭的な援助を引き受けたため手許に置き、死後（1928年10月17日没）はエドワード7世の息子ジョージ5世の妃メアリー・オブ・テックの手に渡りました。つまり現在はイギリス王室所蔵ということになります。

現在、世界で最も多くの「ファベルジェ」作品を所有しているのは英国王室とされ、その数は750点にも及ぶとされます。これらの中にはエドワード7世と王妃アレクサンドラによって集められたものとロシア皇室から英国王室に贈られたものも含まれています。ドイツやデンマーク、スウェーデンの王室なども珍しいファベルジェ作品を所有しています。これらの王室もまたロシア皇室と親戚関係にあったため、贈り物としてファベルジェ作品が国境を越えたというわけです。

こうしてファベルジェの名はヨーロッパ中の王室や皇室の間に知れ渡るようになりました。ロシアのニコライ2世が世界ツアーを組んだ際には、日本の皇室にもファベルジェが贈られたということです。一体何が贈られたのか気になりますね。

▼ロシアとイギリス

ロシアの皇族とイギリス王室は親戚だというのはおわかりだと思いますが、ちょっと面白いことを発見。それは先日結婚されたハリー王子の装いです。

ハリー王子の結婚式での装いがニコライ2世にそっくりだったのにお気づきですか？　ニコライ2世とハリー王子はまぎれもない親類筋です。ハリー王子は英国王ジョージ5世（1865〜1936）の玄孫であり、ジョージ5世はニコライ2世の従兄でした（二人の母親はデンマーク王室出身で姉妹同士）。結婚式で着用されたのは、イギリスの近衛騎兵連隊ブルーズ・アンド・ロイヤルズの制服で、その起源は17世紀にさかのぼるといわれるほど歴史のある制服。

ニコライ2世は1894年に、英ヴィクトリア女王の孫娘、アレクサンドラ・フョードロヴナと結婚した際に、歴戦の精鋭部隊、ロイヤル・スコッツ・グレイズ（第2竜騎兵連隊）の第1カーネル・イン・チーフに任命されていま

ハリー王子

ニコライ２世

す。この連隊の制服は、ブルーズ・アンド・ロイヤルズのそれとよく似ているのです。

軍服を着て軍隊に敬意を示すのは軍隊の古い慣習だそうで、ロシア軍では、文字通り「軍服を着て敬意を示す」と言われていました。例えば、ロシア皇室の大公たちは、生涯を通じて様々な連隊の連隊長の地位を保持していて公的な儀式には軍服を着て臨んでいました。

ロイヤル・スコッツ・グレイズのカーネル・イン・チーフに任じられたニコライ2世はロイヤル・スコッツ・グレイズに深い感銘を受けられたため、その正装で多くの行事に臨まれていました。

ニコライ2世はロシア革命後の1918年にボリシェヴィキに殺害されるまで、その地位にとどまっていたとされます。

ついでながら、ヨーロッパ各国の君主たちも、ロシア帝国の連隊の連隊長でした。例えば、オーストリアのフランツ・ヨーゼフ1世は、1848~1914年にケックスホルム連隊の連隊長であり、ドイツ皇帝のヴィルヘルム2世はロシア海軍の提督でさえあった！というのですから、本当に入り組んだ人脈というか家系ですね。ハリー王子がこの軍服を選ばれた真意はわかりませんが、もしかしたらロシア革命100周年の意味がこめられていたのかもしれません。

2 王室と財産

ところで革命やら亡命やらのドサクサの時代に、王族や貴族、資産家達は現在と同じように財産を外国の銀行に分散して預けるとか、海外に宮殿や別荘、ワイナリー、農地、鉱山などの不動産を所有していただけではなく、女性であれば移動の際にありったけの宝飾品を身につけ、衣装の隠しポケットのようなスペースに大粒の宝石を多数縫いこんでいたものです。重量のある金塊はそうそう簡単に持ち出せないので、預けておくか自動車や船といった移動手段の中に〝隠しスペース〟まで設けていたようです。これ第二次大戦中にナチスの手を逃れてスイスなどに亡命した、資産家のユダヤ人達も使っていた方法と聞いたことがあります。今でも密輸や税関をすり抜ける方法として使われる古典的な手法と言えるかも……。

そういえば、第一次大戦が開戦した1年後にロシア政府はニコライ2世の許可を得て、ロマノフの財宝と正貨準備金を安全な場所に疎開させることを決定し28の貨車に正貨準備金500ｔの金塊と、1袋に2000粒ほどの宝石をつめた1680袋（一体どれほどあるんじゃい！）を積み込み移送するはずでした。が、1917年に事実上ロマノフ王朝は滅亡……。普通なら財宝は革命政府の手に渡るはずですが、スンナリいくはずもなく外国からチョッカイは入るわ、庶民までもが宮殿に出入りして〝失敬〟するような混乱状態でしたから、何がどうなったか正確にはわかりません。金塊を積んだ列車の行方も途中で途絶えてしまっているのですから、ロマノフの消えた財宝は今も行方不明（?）。ということからお宝を巡る数々の伝説が語られるようになりました。ハプスブルグが終焉を迎えたウィーンでも、財宝の入った大きな壺が数個埋められているという話があります。帝国が滅びると、どうしても財宝が気になるのが人間の性なのでしょうね。もちろん私も例外ではありません。

その財宝が目的で遺産を受け取る権利を持つロマノフの生き残りと称した人物は200人を超えていたといわれます。アナスターシャを名乗ったのはアンナ・アンダーソンを含めて34人、マリアは53人、タチアナが33人、オリガは28人。最も人気（?）が高かったのは皇太子アレクセイで、81人だとか。そして皇女アレクサンドラとイリーナを名乗る女性まで登場していました。この人達の狙いは、間違いなくロマノフの資産でした。

エカチェリーナ2世以来、豪勢に使うばかりでなく財産を蓄えてきたロマノフ家。銀行預金、数百万株に及ぶ貴族銀行や鉄道の株式、欧米の不動産、宝石に美術品。ニコライ2世の妃アレクサンドラが所有していたダイヤモンドの装飾品はなんと700個！　ダイヤモンドだけですよ。そして驚かされるのは石の大きさと質の良さ。とにかく大きいのです。ダイヤだけではなく、エメラルド、ルビー、サファイア……、どれも大粒。ダイヤモンドの研磨の技術がそれほど高度でもなかった時期なのに、驚くほど透明度が高いのは石の質が良いということなのです。

▼世界が驚く……

紀元前に発見され権力者達に掘り尽くされてしまったのか、最近では大粒の石の発見はなかなか話題になりません。クレオパトラは専用のエメラルド鉱山を持っていたそうですし、ローマの皇帝ネロがエメラルドのモノクルをかけていたというのはプリニウスの「博物誌」の記述。モノクルになるようなサイズの石があったとは……ね。

現在では「宝飾品」といえばイギリス王室のコレクションを思い浮かべるかもしれませんが、ロシア革命党が没収したロマノフの宝石はイギリス王室も及ばないものだったといいます。独裁君主の皇帝が力づくでかき集めたはずですから、あるのも当然でしょう。ところがそのロシアの上をいく国が……、ペルシャ帝国（現在のイラン）です。上には上があるもので……。

イェー・ヌール

世界最大のピンクダイヤ（１８２カラット）「イェー・ヌール」。ペルシャ帝国の皇帝が所持していた宝石は革命で国庫に寄付されたため、イラン国立銀行の金庫には貴重で稀少、最大で良質な宝石が唸るほどだとか。まるでアラビアン・ナイトのワンシーン。

目にするチャンスなどないでしょうが、金庫の前で「開けゴマ」と叫んでみたいもの。なんでもこのイェー・ヌールは、ムガール朝のシャー・ジャハーンの玉座を飾っていた石の一部だとか。一部というのですから宝石の上に座っていたのかも、玉座というのももっともです。

つまりインドのムガール帝国にあったもので、イラン・アフチャール朝のナディール・シャーが18世紀に侵攻した際に持ち帰ったという戦利品のひとつです。イェー・ヌールというのはペルシャ語で「光の海」という意味だそうで、ヴィクトリア女王に献上され現在はイギリス王室の王冠に飾られているコ・イ・ヌール（光の山）という１０５カラットのダイヤもムガール帝国のものでした。

伝説ではインドカーカティーヤ朝の王が仏像の眼として寺院に寄贈したものが、盗難に遭い数多くの持ち主を経てイギリスに落ち着いたもの。もしかしたらインドの鉱山には大きな原石がいまだに眠っているかも……。

▼皇室の宝石

当時世界の富の十分の一を「所有」していたというロマノフ家は、財宝の一部として欲しかったの

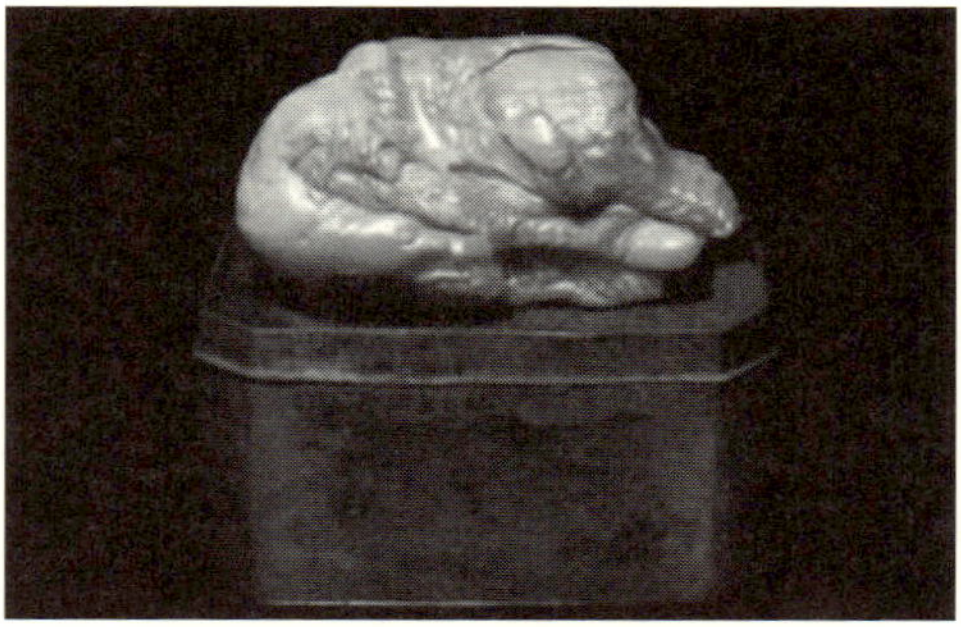

エカチェリーナ２世の “Sleeping Lion”

かもしれません。なにしろ「ボリショイ」（ロシア語で大きいの意味）が大好きなロシア人。先日オークションに出ていた世界最大の淡水真珠「Sleeping Lion」（眠れる獅子）は、１７８８年にエカチェリーナ2世がオランダのオークションで購入したもの。長さ7㎝重さ１２０gというのですから真珠としては確かに「ボリショイ」ですね（でもグロテスクな感じ）。形はというとかなりバロックですが……。彼女が亡くなってから行方不明になり１００年近い歳月を経た１８６５年にオランダの金細工商人が購入し、１９７９年にアムステルダム・パール・ソサエティが入手したという真珠です。５月のオークションでの落札価格は32万ユーロ、落札したのは日本人とＢＢＣは報じていました。

宝石大好きというエカチェリーナ女帝でしたが、まさか自国にダイヤモンドが眠っているとは考えもしなかったでしょう。でもあったんですねぇ、ダイヤモンド。埋蔵量が世界の需要３０００年分（装飾だけではなく工業用としても使われるので）という鉱脈が発見されたのは20世紀のこと。もしエカチェリーナが気づいていたとしたら、ダイヤモンドコレクションはもっと膨大なものになっていたことでしょう。鉱山を掘るにしても人手には困らない状況だったのですから。

革命前に皇室の許可を得て28もの車両で財宝を運びだしていたとはいえ、ロマノフ王朝が崩壊した時に約2万５０００カラットのダイヤモンドと４０００カラットのエメラルド、６０００カラット相当の真珠があったと言われています。皇帝の玉座から外されたのが、１０００個ほどのダイヤモンド、

140個のルビーと129個の真珠だとか。玉座、つまりはたかが椅子（！）にこれほど埋め込むとは。調度品、食器、衣装……、身の周りすべてがどれほど華麗だったことか。1903年に歴代ロマノフの衣装をまとった大仮装舞踏会が開かれていますす。その一枚の写真からさえ、どれほど華やかなものだったか往時の様子が伝わってくるようです。

女帝が支配していた18世紀のロシアの宮廷は、絢爛豪華さを増すばかり。宝石に眼がなかったというエカチェリーナ2世の宝物庫は目が眩むほどだったでしょうが、その中でも189・62カラットという「オルロフ・ダイヤモンド」はひときわ眼を引くものでした。

エカチェリーナ2世の愛人グリゴリー・オルロフが、他の女性を「つまみ食い」したのがバレてしまい、そのお詫びに贈ったものだとか……。一説には女帝が国庫金を流用して購入したものをオルロフが贈った形にしたというものもありますが、私としては「ゴメンナサイ」説に魅かれます。

ダイヤを贈られた女帝は、感謝はしたもののヨリを戻すことはありませんでした。ダイヤはネック

1903年の大仮装舞踏会

王笏「オルロフダイヤ」

レスやペンダントトップにするには重過ぎたのでしょうか。お気に入りの宝石商によって王笏に飾られました。現在はクレムリンの宝物庫に展示されています。

そして88・7カラットの細長いダイヤモンド「シャー」は、カットをせずに原石を磨いただけというユニークなもので側面にシャー・ニザム、シャー・ジャハン、ナディル・シャーと歴代の所有者の名前が刻まれています。１８２９年ペルシャ在住のロシア外交官が殺害されるという事件の後、当時のイラン国王の孫がこのダイヤを持ってロシア皇帝に謁見。謝罪の印として贈呈されたというもので、以後このダイヤはクレムリンのダイヤモンド・ファンドというコレクションに加えられました。このダイヤは、重要な外交取引の一部始終を知っているのかもしれません。

ところでロシア皇室とイギリス王室が婚姻を通して姻戚関係にあるということは前述しましたが、エリザベス女王のお気に入りのティアラのルーツは19世紀のロマノフ王朝なのです。

ダイヤモンド「シャー」

大粒の真珠がダイヤを埋め込んだサークル状のフレームで揺れるという動きのある「ウラジーミル・ティアラ」。アレクサンドル3世の弟ウラジーミル・アレクサンドロヴィッチ大公が、結婚の際大公妃マリア・パブロヴナに贈ったティアラです。彼女はロシア革命後の１９２０年に、イギリスの美術商（アルバート・ストップフォード）の力を借りてロシアを脱出。

その際サンクトペテルブルクに隠していた素晴らしい宝飾品とお金を持ち出していました。ヴェニス、スイスを経てフランスに落ち着いた彼女の死後、宝飾品がジョージ5世妃メアリー・オブ・テックに売却されたことは前述の通りです。つまりエリザベス女王にとって、このティアラはお祖母さまから受け継いだものといえるのです。

ウラジーミル・ティアラ

余談ですが、フランスに落ち着いたマリア大公妃が宝石商カルティエの新作時計の発表会に出席した際、オーバル型の時計を眼にしてその独特の丸みから、「ベニョワール（浴槽）のようね」と言われたことから名付けられたとか。確かに猫足の似合う浴槽のような形ではありますが……。カルティエにしては不思議なネーミングと思っていましたが、ちゃんと理由があったということですね。

▼ロマノフの財宝

皇室ほどではないにせよ、ロシアの貴族や側近達も贅沢な生活を謳歌していました。当然彼らにも革命の矛先は向けられ、多くの貴族達はお宝を抱えて海外に逃れました。もちろん財産を没収され処刑された貴族や側近もいたのですが、皇帝一家は特別でした。ロマノフの財産は２００年以上の年月をかけて集められたものです。その価値や貴重性は、並外れたものでしたから世間の耳目が集まるのは当然でしょう。まだ基盤が脆弱な革命政府は、「没収した財産を私物化している」というデマ（本当にデマだったのでしょうか？）が流れたことで政府の屋台骨がぐらつくのを恐れてロマノフ家所有

ロマノフの財宝の一部

の財産目録を作り、横領などしていないことの証にしたのです。

この目録「Russia's Treasure of Diamonds and Precious Stones」（ダイヤモンドと貴石 ロシアの財宝）にまとめられました。宝石・宝飾品の総数は406点とされています。普通なら凄い数ですが、諸々考えてみると少なすぎるような気がしないでもありません。

406点のうち、110点がエカチェリーナ2世（1762年～1796年）と彼女の息子パーヴェル1世（1796年～1801年）時代のものであると記載されています。オルロフ・ダイヤモンドがあしらわれた笏、200カラットのセイロン・サファイアが埋め込まれた皇帝の地球儀、402カラットのスピネルが特徴の王冠、婚礼用王冠、チェーン、星、十字架、エンブレム、ダイアデム（髪飾り）、ネックレス、ブローチ、リング、イヤリングのほか、ルースダイヤモンド、エメラルド、サファイア、ルビー、スピネル、真珠、アレキサンドライト等のコレクション。でも全財産にしてはとても少ないと思うのです。いったい何処に消えてしまったのでしょうか？

こうした〝消えた財宝〟の伝説は世界のあちこちで聞かれる話であり、いつの時代にも探し続ける人々がいます。日本でも武田信玄の隠し金、徳川の埋蔵金が繰り返し話題になりますが、こうしたトレジャー・ハンティングの目的は財宝そのものよりも、イマジネーションを刺激する歴史へのロマンが抗し難い魅力を持っているからでしょう。ロシアで現在も探す人々が現れるという、行方不明の財宝はロマノフのものだけではありません。特別荷物18号という金貨や宝飾品の入ったスーツケース、第一次世界大戦を避けるために疎開されたロマノフの正貨準備金、ワリャーリン号とともに沈んでいる金貨と特別な価値のある積荷、ロストプチンの財宝、イワン雷帝の貴重な蔵書、ステンカラージンの財宝、アレクサンドラ皇后の宝石箱、プガチョフの王冠等々、ロシアの消えた財宝は数知れず。噂によるとロシアでは1年半に1件くらい何らかの「発見」があるようで、元貴族の屋敷から数千点の銀器などが見つかったりしているのですからどこに何があるかはわかりません。実際に発見は報告よりも多いのではないかという説もあります。つまり発見しても黙っているということです。これは国家と発見者との分配が関係しているのではないかとされます。財宝が見つかった場合に土地所有者と発見者が折半というのですが、発見したものが文化財や歴史的価値のあるものであれば国家が半分、残りの半分を発見者と土地所有者で折半、つまり四分の一ということになります。

ここで問題になるのが「評価額」の査定、まあ国家の査定に納得がいかないということなのでしょう。よくあることですから、という訳で、こっそり売却されているものも少なくないようです。ひょっこりどこかのオークションに姿を顕すかもしれません。

お宝を書いていてふと思いついた世界の経済格差。昨年1月貧困撲滅に取り組む国際NGO「オックスファム」のレポートでは、世界でもっとも裕福な8人が保有する資産が世界人口の中で経済的に恵まれない36億人が保有する資産とほぼ同じとされています。トップ大企業の収益の合計は、下位

180カ国の国々の収益以上だそうです。なんだか世界中のほとんどが「農奴」のように思えてきました。悔し紛れではありますが、彼らの資産には「株」の評価額が含まれています。これ経済や政治の状況で流動するものですから「絶対的」なものではありません。いまだに語られるブラックマンデーやリーマンショックのようなことがあると、どうなるか。まぁ、ビクともしないでしょうが評価が下がるのは事実です。資産価値が下がらないよう努力し続けることでしょうが、世界の富の十分の一を「所有」していたロマノフ家はとんでもないお金持ちだったと痛感させられます。

ここまで超特急の上にものすごーく大雑把にロマノフ朝に触れてきました。抜けてしまったもの、省いたもののほうがはるかに多いので、もし興味を持たれた皇帝や人物がいるようでしたら、ご自身で書籍などをあたってみてください。なにしろひとりの人生が、コンパクトにまとまるはずなどないのですから。それも皇帝となると、日常生活も人間関係も複雑なお立場なので。残された記録や記述、第三者による著作などが参考になりますよ。

▼ロシアのラスト・エンペラーニコライ2世

記録といえば几帳面に日記を書き綴っていたニコライ2世、プライベートな日記には本当の気持ちが書かれていると考えてよさそうです。結婚後の彼の日記には、英語の書き込みが……。ロシア語が苦手なアレクサンドラの手によるものと思われるのですが、ニコライが日記を書いている時に隣に座って過ごしていたのでしょうか。ともかくこのお二人の仲はとても上手くいっていたことは確かです。気軽で、平民的、自由主義的だが優柔不断なところがあったというニコライとアレクサンドラの理知的で意思の強い性格と、イギリス王室育ちらしく威厳を尊ぶ生活態度が入れ替わっていたとしたら、この一家の悲劇的な最後は違ったものになっていたかもしれないと考えさせられます。歴史に「if」を持ち込むのはタブーとされますが、持ち込んで想像を巡らせる楽しさがあるのも歴史の一面です。そして残酷な終焉が、ニコライ2世一家と怪僧ラスプーチンをより一層忘れ難い存在としているのも歴史の皮肉なのでしょう。

さらにロマンを掻き立てるのが、ミステリアスなロマノフの財宝。1613年から1917年までの304年、14代の皇帝の中でも、ピョートル大帝の奇怪ともいえるコレクションに始まり、文化的には後進国だったロシアの威信を高めるために、莫大な資金を投じてヨーロッパの美術品や書籍を購入したエカチェリーナ2世。以後歴代の皇帝が世界各地から美術品・芸術品を収集したというのですから、その蓄積は膨大なもの。革命やソビエト時代に散逸したもの、取り戻したものもあるにせよエルミタージュ美術館の収蔵品は300万点。もし全てを見るチャンスがあるとしたら、どれほどの時間が必要なのでしょう。収蔵品一点一点を整理し資料を作成するキュレーター（学芸員）の方々の忍耐強さと尽力に感心するばかり、本当に好きでなければできない地味だけれど重要なお仕事ですね。

収蔵品の散逸というと気になってしまうのが、故宮博物院。歴代皇帝が収集した歴史的文化財を保存・展示する博物館とされますが、歴代皇帝というのが紀元前221年の始皇帝から1912年の宣統帝溥儀までとナント！2000年以上の収集品。ラストエンペラー溥儀の時代に、宝物庫番の宦官達が持ち出して売ったり、在庫表と見比べられて横領発覚となるのを恐れて放火したとか……。話は色々ありますが、持ち出して売っていたというのは本当らしく故宮（紫禁城）の南には琉璃廠大街という骨董品街があるのです。こっそり持ち出したお宝を抱えてここに通い、店主とヒソヒソと価格交渉をする宦官の姿。絵になる光景で好きなんですが……。

溥儀といえば切り離せない「満州」の時代、名前は挙げませんが多くの「大物」（とされた）日本人が琉璃廠大街の店を訪ねて、欲しいものをリクエストしていたという話を満州史に詳しい人から伺う機会がありました。店主は宦官に依頼、宦官はチャンスを待って……、という構造が浮かびますね。

持ち出されても、放火されてもビクともしなかった清朝までの収蔵品。紫禁城からラストエンペラーを退去させた翌年1925年に清朝の美術品を一般公開したのが故宮博物院の始まりで、当時の所蔵品は117万を超えるものだったとか。

その後満州に駐留していた日本軍が華北地方に軍を派遣させたため、蒋介石の国民政府は収蔵物の中から重要なものを選んで最終的に南京へ疎開させました。そうこうするうちに日本が南京に向けて進軍してきたため、所蔵品は四川省の3箇所に避難となりました。それぞれ80箱（巴県）、9331箱（楽山）、7287箱（峨嵋）とされています。これらの箱は第二次大戦後には南京と北京に戻されたのですが、今度は国共内戦（中国国民党と中国共産党による内戦）、形勢不利となった国民党（中華民国政府）は、博物院の所蔵品から〝一級品〟を選びだして箱詰め。2度目ですから手慣れたものだったかもしれません。ともかく772箱、3502箱、1251箱と3回に分けて台湾に運びました。台湾故宮博物院の収蔵品は、ド素人の私がみても素晴らしいと思えるのは選び抜かれた一級品だからなのでしょう。収蔵品の価値の高さは、ルーブル、エルミタージュと並ぶほどといわれる故宮博物院は、大陸と隔たっていたがゆえに1960年代からの文化大革命と称した文化財の大量破壊を免れ、結果的に歴史的な遺産を保護する役目を果たしたのも皮肉といえば皮肉なことですね。辛亥革命、満州事変、西安事件、日中戦争、国共内戦という「隣国」中国の激動の時代に活躍した蒋介石、毛沢東、孫文といった人々の名前は聞いたことはあるでしょう。ただこの時代を動かすのに一役も二役もかっていた三姉妹のことを忘れるわけにはいきません。

「宋家の三姉妹」として小説や映画にもなっている三姉妹。長女の宋靄齢《そうあいれい》は孔子の末裔とも言われた大財閥の孔祥熙《こうしょうき》と、次女の宋慶齢《けいれい》は孫文と、三女の宋美齢《びれい》は蒋介石と結婚したのですから、当時の中国の政財界にどれほど大きな影響力を持っていたことか……。長女の夫である孔祥熙は後に政界入りし蒋介石を支えます。革命家の孫文は2度ほど日本に亡命、宮崎滔天、頭山満、犬養毅、梅屋庄吉といった人物がサポートします。宋慶齢と結婚したのも日本でのことでした。

ロシアの革命後、第一次大戦後の1919年のパリ講和会議で山東省がドイツから日本に譲渡されたことがキッカケで「抗日運動」が盛り上がり、中国には共産党への共感が広がって、ソビエト連邦との連帯に繋がっていくのですが……。この間の中国、ソ連、日本の三国史にはスケールの大きな人物が登場する興味深いものです。歴史の集積のうえにあるのが「現在」、現状だけを見回していてはわからないことも少なくはありません。少なくとも今起きている状況は、どのようなプロセスを経てきたのかニュースや報道、政治家の発言を鵜呑みにしないで自分で探求してみることをお薦めします。“Fake News”って結構多いと感じさせられるこの頃。「どうして?」「なんで?」という子供のような感覚を大切にする「リテラシー」を育てていきたいものです。

▼文化財

またしても脱線してしまいました。話を本筋に戻して文化財のこと。どこの国のものであるにせよ、美術品や芸術品は人類共通の遺産です。時の流れ、時代背景、人々に与えた影響、作者の心情……、そのなにもかもが歴史を教えてくれる手がかりであり、想像力を刺激する楽しさも味わえるもの。機械を使って大量生産する消耗品とは違って、人が「道具」を使って「手作り」するものは似たものはできるとしてもまったく同じものはできないのですから。

破壊されてしまうとオシマイですが行方不明になったものは、ひょっこり姿を現わして楽しませてくれることがあります。昨年6月にフランスの田舎の民家の屋根裏で見つかった明時代の壺、新聞紙に包まれて靴箱に入れられていたのは祖父から受け継いだものだそうですが、お祖父さんも好きじゃなかったらしく置きっぱなしになっていたため保存状態も良好だったようです。「幾らかになるかも」とオークションハウスに持ち込んだところ、専門家もビックリの逸品。当初の予想の20倍という1620万ユーロ（21億円?）で落札されたということがありました。

2010年だったかイギリスで亡くなった兄弟の屋根裏部屋を掃除していた女性が本棚に飾ってあった壺をオークションにかけると……、これまた清朝乾隆帝時代の壺、落札価格は4300万ポンド（約57億円）でした。皆さん屋根裏の掃除に熱心になったのではないでしょうか。

3 Faberge と Imperial Egg

ロマノフの財宝の中には、とんだところで現れたものがあります。ところはアメリカ中西部、蚤の市でガラクタの中に埋もれていた工芸品をくず鉄のリサイクル業の男性が目にとめ、溶かして金にして売れば儲かるかと1万4000ドル（約140万円）で購入。買い手が見つからないまま手許に置いていました。Faberge（ファベルジェ）とVacheron Constantin「バセロン・コンスタンティン」

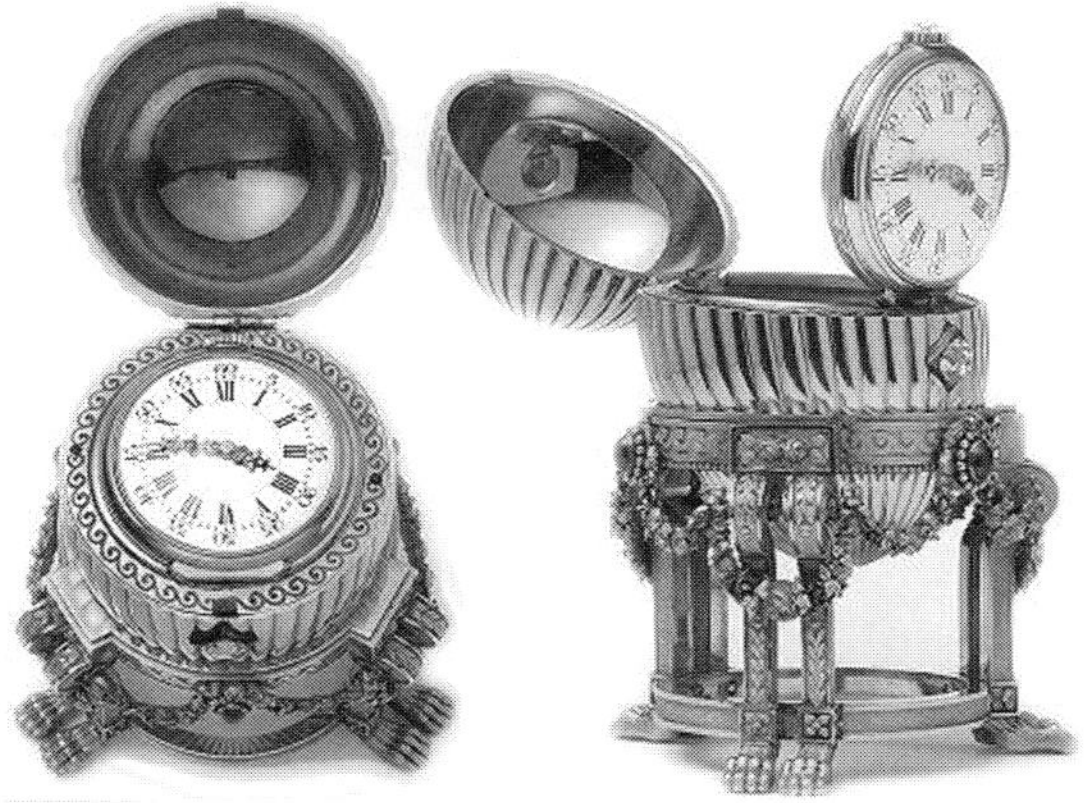

インペリアル・イースター・エッグ

インペリアル・イースター・エッグ
“Gold Egg with Clock”

の刻印に気づいた彼が調べてみたところ、デイリー・テレグラフ（英紙）に関連するような記事を発見。もしかしたらとんでもなく大変なものかもしれないと、即座にロンドンへ。持ち込まれた骨董商が仔細に調べたところ、驚いたことに正真正銘の本物であることが判明。

１８８７年にファベルジェによって作られた由緒あるインペリアル・エッグのひとつだったのです。このエッグが最後に公開されたのは１１２年前、サンクトペテルブルクでロマノフ朝のファベルジェ・コレクション展示会でのことでした。その後のロシア革命の混乱の中、皇后アレクサンドラからボルシェビキが没収。１９２２年にソ連がモスクワで売却を決定したとの記録はありますが、その後行方不明になっていたものでした。

金として溶かされた可能性も否定できませんでしたが、１９６４年3月にニューヨークでわずか２４５０ドル、現在の価格にして1万８５００ドル（約１９０万円）で売られていたことを、２０１１年にファベルジェの研究者たちが発見しています。この価値を知らなかったのか、「卵の形をしたケースに入った金の時計」（Gold Egg with clock）として売られていたそうです。リサイクル業の男性がロンドンに持ち込んだのは2014年でしたから、この卵どんな旅をしていたのでしょう。売却価格は明確にされていませんが、ロンドンでは34億円という報道がありました。「地金の価値で儲かればよし」と考えていた男性、一番驚いたのは彼だったのかもしれませんね。

この「卵」溶かされなくて本当に良かった。「インペリアル・イースター・エッグ」と呼ばれる、アレクサンドル3世とニコライ2世が「皇室御用達金細工師」ピーター・カール・ファベルジェに特別につくらせた宝飾品。イースターを祝う「卵」です、サイズはわずか8・2㎝。どれほど精巧かはご想像ください。

イースターは日本語で「復活祭」とされるキリスト教のお祭りで、十字架上で亡くなったキリストが三日目に復活したことを祝う日でして、お誕生日のクリスマスより大切な祭日です、何しろ「復活」されてしまったのですから。クリスマスと違ってイースターは移動祭日、「春分の日の次の満月後の日曜日」なので毎年変わります。ややこしいと言えばややこしいのですが、2月のヴァレンタインが終わるとヨーロッパのお菓子屋さんでは、イースター・エッグやウサギにちなんだチョコレートやキャンディが並びます。なぜ「卵」？　というのは、中でヒナが成長し固い殻を破って誕生することをキリストの受難と復活になぞらえたとされています。

またキリストの死と復活に立ち会ったマグダラのマリアが、ローマに赴き「キリストの復活は紅い卵と同様にあり得ない」と言った皇帝ティベリウスに、紅い卵を献上しキリストの復活を伝えたことから卵を贈るようになったという説もあります。ともかく卵は命を宿すもの、20世紀を代表するスペインの画家サルヴァトール・ダリも、卵を「誕生」と「完璧さ」のモチーフとして使っていました。おまけに晩年住んでいたのは、通称「卵の家」。屋根と庭のあちこちに「卵」が。もしかしたら「奇才」と呼ばれたダリのこと、復活を狙っていたとしても不思議ではないように思えます。

そしてイースター・バニー、ウサギちゃんです。復活祭の卵を運ぶのがお役目です。復活祭の時期になると野うさぎの裁判官が登場し、子供達が良い子だったか悪い子だったかを判断して良い子には復活祭の前夜になるとカラフルな卵やキャンディをバスケットに入れて届けるというまるでサンタクロースのようなうさぎちゃん。ドイツの伝承が起源となってイースターのシンボルとなりました。誕生と子孫繁栄ということでしょう。ただしウサギはドイツルーテル派から広がったシンボルなので、残念ながら東方教会のロシアではウサギの出番はありません。

▼皇帝の卵

敬虔な信者の間ではイースターを祝って「卵」のプレゼントを交換する習慣がありました。もちろん皇帝一家も。そこで皇帝一家と「卵」のお話。

ロイヤル・インペリアル・エッグと呼ばれる皇帝から皇后へのプレゼントは、1885年アレクサンドル3世が皇后マリアとの結婚20周年を記念して特別なイースター・エッグを贈ろうと考えたことから始まります。

皇帝であっても誕生日や結婚記念日、イースター、クリスマスと皇后へのプレゼントを気にかけていたのは微笑ましいかぎりです。マリアが伯母のエッグを眺めていた子供の頃を懐かしげに話していたことがヒントになったようです。ただ普通の卵では面白みはありません。「エッグの中に宝石を入れてはどうか」と思いついた皇帝は、芸術や美術に造詣の深い弟のウラジーミル（・アレクサンドロヴィッチ）に相談をしたところ、即座に推薦されたのが「ファベルジェ」でした。

数カ月後、ウラジーミルの元に届けられた〝エッグ〟の出来映えは期待以上のものでした。彼は、このエッグの開け方を詳細に記した手紙を添えて皇帝に届けました。分厚い金を白いエナメル（七宝）で覆ったエッグを左に回して開けると、中には金の卵黄が。その円い黄身を開けると……、中は小さいけれど精巧な作りの金製の雌鳥、ダイヤモンドをセットしたロマノフ王冠のレプリカとルビーのペンダントが収まっているのです（どうやらマトリョーシュカのような仕組みがお好きのようです）。皇帝はウラジーミルに、「この優雅で繊細な卵の開け方を丁寧に教えてくれたので、正しく卵を開けられた」というお礼の手紙を送っています。マリア皇后はこのプレゼントを大変に喜ばれ、お気に入りだったとされますが、それはまあ当然でしょうね。なにしろ世の中にたったひとつしかないオリジナルの豪華な卵なのですから。

最初のインペリアル・イースター・エッグ “Hen”（1885）

▼カール・ファベルジェ

当時ロシア宮廷に出入りする宝飾商や宝飾職人は少なくありませんでしたし、ヨーロッパにもロマノフ家に所縁のある有名な宝飾商がいる中でアレクサンドル3世の特別な「卵」を依頼されたピーター・カール・ファベルジェは、1882年モスクワで開かれた「ロシア美術工芸展」で金賞を受賞して有名になりました。

その頃の仕事はエルミタージュの目録作成、展示品の修理と複製をつくることでした。マリア皇后がこの展示会で古代ギリシャ風のカフスボタンを購入されたことが、ファベルジェに宮廷への門戸を開いたのです。

エルミタージュ所蔵の紀元前4世紀頃のスキタイの腕輪のレプリカを作成した時には、皇帝ですらどちらが本物かわからないほど精巧な作品だったといわれています。その腕を見込まれ、ファースト・エッグを製作したことが「皇室特別御用達宝石細工師」という特別の地位を確立させることになったのです。

最初の「卵」の出来に満足された皇帝は、翌年のイースター・エッグもファベルジェに製作を依頼、その後は毎年一つずつ作らせることになります。ファベルジェ工房は、ヨーロッパ中から招聘した250人の腕利き職人を含め従業員500人というロシア最大の宝石商となり、エッグの他にも銀食器からジュエリー、時計工芸品の呼び鈴までを手がけるようになっていきます。

皇族や貴族のための宝飾品だけではなく、一般庶民にも手の届くジュエリーや生活雑貨もつくっていました。ファッションに例えるならオートクチュールとプレタポルテというところでしょうね。サンクトペテルブルクだけではなくモスクワ、オデッサ、キエフ、ロンドンにまで進出し、1883年から1917年の間に製作した作品は15万~20万点とされています。ファベルジェがロンドンに進出した際、エドワード7世の妃はマリア皇后の姉のアレキクサンドラでした。イギリスの王族や貴族への贈り物としてファベルジェを重用していた妃は、「これから何を贈ればいいのかしら?」とガッカリされたとか。プレゼントは、簡単に手に入らないものを贈って喜んでもらいたいというのは身分に関わりないテーマのようですね。

フランスでも高い評価を得ていたファベルジェは、パリ万博(1900年)で審査員を務めたため作品は審査の対象外の特別展示であったにもかかわらず工房はグランプリを受賞。カール・ファベルジェと息子のユウジェンヌ、2人の職人頭はレジオンドヌール勲章シュバリエを受勲しています。

皇族・貴族・上流階級を顧客に持っていたファベルジェは、革命時には「民衆の敵」とみなされました。ニコライ2世の退位後、イギリス大使館の「お使い」に変装して鞄ひとつで国外へ。どうにか脱出してきた娘とともにスイスに亡命。革命のショックから立ち直ることができないまま「生きていても仕方がない」が口癖になっていたそうです、お気持ち察します。絢爛で豪奢なロマノフ帝国の「皇室御用達宝石細工商」と聞くと、なんとなく社交的で贅沢な人物を想像してしまいますが、どうやら根っからの職人気質だったようでインペリアッグ・エッグはもちろんのこと、お店で販売する比較的手頃な宝飾品ですら、持てる技術の全てを注ぎ込んで「作品」作りをしていたというのです。ヨーロッパ中に知られた宝石商の作品なら価格はつけ放題のはずですが、ファベルジェ氏の「欲」は独創的で美しい作品をつくることに集中されていたようで、インペリアッグ・エッグも含めた作品や工芸品は材料費と製作費さえカバーできればよいという方針で、他のヨーロッパの宝石商のものと比べると驚くほど「安かった」といわれています。儲けるための仕事ではなく、「美しいものを創りたい」という素朴な職人根性を込め丁寧につくられた作品だからこそ、現在にもその価値が通じるのだと思うのです。ファベルジェ工房は1918年に国有化され、事実上消滅してしまいました。何か新しいアイデアを考えたり、試作をしたりという日々を過ごして来た彼にとって、亡命生活は退屈で生きる意欲が持てなかったのもうなずけます。傷心のまま1920年9月24日、スイスで亡くなりました。

サンクトペテルブルク生まれのカール・ファベルジェの父グスタフはユグノーというからフランス人、母はデンマーク人のシャルロッテ・ユングスタット、ロシアの「血」の入らないロシア人。モスクワから拡大していった「ロシア」という国の複雑さを考えさせられます。ファベルジェもロシアとフランスを結びつけるのに一役買った人物です。

▼ファベルジェの卵

翌年の1886年のエッグも「卵」に関連した「Hen」(雌鳥)。籠に入った雌鳥エッグのサプライズはサファイアのペンダントでした(実物は行方不明)。1887年からは、ファベルジェに全幅の信頼をおいた皇帝はデザインを一任しています。皇帝夫妻を感動させること、ファベルジェは持ち前の集中力を発揮してデザインを練り上げました。実際の製作はヨーロッパ中から集めた一級の職人達が手がけ、ファベルジェ本人は製作には携わらなかったとも伝えられています。ただ必ず自分で行なったという最終チェックでサプライズの仕掛け細工に満足がいかなかった時には、その場で壊してしまったというのですから、職人さん達もかなり緊張して臨んでいた仕事だったことは容易に想像できますね。

宝飾職人というよりは、注文主の好みをよく理解した上で、デザインし、そのテイストによって最もふさわしい職人達の手に委ねるというプロデューサー的な存在だったといわれます。ファベルジェに一任されたインペリアル・エッグは、注文主の皇帝でさえ完成までどんな「卵」になるかを一切知らされなかったというのですから、ファベルジェがエッグを届けにやって来る日を、心待ちにしていたことでしょう。卵の中にはお約束の「サプライズ」、それは開けてみてのお楽しみ、というわけで感動も2倍に。

イースター前の1週間はキリストがエルサレムに入城し磔を経て復活するまでをしのぶ受難週とされ、毎日特別なミサを行ない食事も節制する期間です。皇帝は熱心なロシア正教徒でなければなりませんでしたから、メニューも控えられていたことでしょう。そしてイースター当日、久しぶりのご馳走とファベルジェから届けられたイースター・エッグ、「今年はどんなエッグかしら?」と期待と楽しみで会話の弾む賑やかな家族の食卓を想像してしまいます。

ロマノフ財宝の中でも特に重要で「秘宝」とされるインペリアル・エッグは、50個か52個。2個は革命の年に作られていたのか、いなかったのかで決まるというミステリアスなもの。アレクサンドル3世の後を継いだニコライ2世は、母マリア皇太后と妻アレクサンドル皇后にエッグを贈っていたため、1886年以降エッグは毎年2つ作られるようになりました。

1885　Hen（めんどり）
1886　Hen Egg（籠の中のめんどり）
1886　Resurrection（キリスト復活）

1887 Blue Enamel（青の七宝）
1887 Blue Serpent Clock（青い蛇時計）
1887 The Third Egg（3番目の卵）蚤の市でみつかったもの
1888 Cherub with Chariot（戦車に乗るケルビム）
1888 Angel with Egg in Chariot（時計を持つ天使）
1889 Necessaire（必需品、道具箱の意味）
1889 Pearl（真珠）
1890 Emerald（エメラルド）
1890 Spring Flower（春の花）
1891 Azov（巡洋艦アゾフ号）
1892 Twelve Monograms（12の組み合わせ文字）
1893 Caucasus（コーカサス）
1894 Renaissance（ルネッサンス）
1895 Danish Palaces（デンマークの宮殿）
1895 Rosebud（薔薇の蕾）
1896 AlexanderIII（アレクサンドルⅢ世）
1896 Revolving Miniatures（回るミニチュア）
1897 Mauve Enamel（モーヴ色の七宝）
1897 Coronation（戴冠式）

１８９８　Pelican（ペリカン）
１８９８　Lilies　of the Valley（すずらん）
１８９９　Pansy（三色菫）
１８９９　Bouquet of Lilies Clock（百合の花束時計）
１９００　Cockerel（鳩時計）
１９００　Trans Siberian Railway（シベリア横断鉄道）
１９０１　Gatchina Palace（ガッチナ宮殿）
１９０１　Basket of Flowers（花篭）
１９０２　Empire Nephrite（ネフライトの帝国）
１９０２　Clover（クローヴァー）
１９０３　Danish Jubilee（デンマーク５０年祭）
１９０３　Peter the Great（ピョートル大帝）
１９０４　Cathedral Ouspensky（ウスペンスキー寺院）
１９０４　Alexandre III　Commemorative（アレクサンドルⅢ世記念）
１９０５　Colonnade（柱廊時計）
１９０６　Swan（白鳥）
１９０６　Kremlin（クレムリン宮殿）
１９０７　Cradle with Garlands（花冠付の揺りかご）
１９０７　Rose Trellis（薔薇の格子）

1908　Peacock（孔雀）
1908　Alexander Palace（アレクサンドル宮殿）
1909　Standard（皇室のヨットスタンダード号）
1910　Love Trophy（愛のトロフィー）
1911　Bay Tree（オレンジの樹）
1911　15th Anniversary（ニコライⅡ世在位15周年記念）
1912　Napoleonic（ナポレオン様式）
1912　Tsarevich（ツァーレヴィッチ）
1913　Winter（冬）
1913　Romanov Tercentenary（ロマノフ家300周年記念）
1914　Mozaic（モザイク）
1914　Grisaille（グリザイユ）
1915　Red Cross with Imperial Portraits（皇帝の肖像付赤十字）
1915　Red Cross with Tripitych
1916　Order of St. George（聖ゲオルグ勲章）
1916　Steel Military（鉄の軍隊）

ファベルジェのインペリアル・エッグは1885年から1917年までの間に67個が製作され、うち57個が現存しているともいわれます。そのうちロマノフ皇帝に納められたのは50個と（52個としても皇室に納められていないので、以後50個とします）とされているのですが、１９０４年と１９０５年は日露戦争のため製作されなかったという説と作られたという説があり、全く手を付けていないのか製作途中だったのか。ロマノフ家かファベルジェ工房が存在していたら整然と保存されていたのでしょうが、革命で持ち出されたもの、革命政府が外国に売却したもの、購入者が転売したため数人の手を経る間に行方不明となり、突然骨董商の片隅に姿をあらわすミステリアスな存在であるため判然としないのです。そしてこのことも世の関心を惹きつけるひとつの要素なのでしょう。

卵の形に合わせた化粧箱を開けると、エッグ本体が姿を現わします。貴石や貴金属を多用した卵には豪華で贅沢な装飾、殻を開くための小さな仕掛け、中には「サプライズ」が。ディテールの細かなところにまで施された精緻な細工はまさに驚きの職人技、本体というか卵の開き方も上下に開くもの、花弁のように四方に広がるもの、垂直に開くものとサプライズに合わせた工夫がされています。どの卵もインパクトの強い作品ですから、革命前に少なくとも50個ほどは並んでいた卵達……、どれほど壮観で見事なものだったことか。小さいものは手のひらに収まるほどの大きさ（鵞鳥の卵くらいでしょうか）ですが、「ボリショイ」な技がこめられているのがいかにもロシアらしくて見飽きることはありません。

これらの卵達を含め、数カ所の宮殿や別荘を飾っていた皇室の豪華な装飾品や家具は、革命ですべて没収されモスクワのクレムリン博物館に移送されてしまいました。ロマノフの財宝は皇帝が持参することを許された一部を除いてすべて革命政府の所有となったのです。中には49個のファベルジェ・エッグも含まれていました。50個あるはずのエッグがなぜ49個？　それはしっかり者のマリア皇太后が脱出する際に、最後に受け取った聖ゲオルグ勲章のエッグを身近に置いていたファベルジェ作品と一緒に持ち出していたからです。2人の娘と孫のヴァシリーを連れての脱出でした。皇太后が持ち出したファベルジェ・エッグとファベルジェ作品の多くはアメリカに渡ったヴァシリーが持っていました。彼がロシア皇族だったことなど、知る人のいないアメリカで様々な仕事をしながら一般人として暮らし、生活のためにエッグやファベルジェ作品を手放していましたが、エッグが注目されることにはなりませんでした。

ヴァシリーの娘（アンナ・ロマノフ）さんは、現在アメリカ在住。彼から受け継いだファベルジェ作品を大切にされていて、いずれ子供達に譲られるということです。おそらくは父から聞かされたロマノフの宮廷時代の話も語り継がれていくことでしょう。

▼革命政府による売却

革命後のソビエト政府は、国家再建のために物資を輸入しなければなりませんでした。そのためには外貨つまり「アメリカ・ドル」が必要とされました。そこでロマノフ家や貴族、富豪から没収した財宝を売却するための組織をつくったのです。1925年から26年にかけて、皇帝一家の宝飾品とレガリア（正当な君主であることを象徴する王冠、王笏、宝珠など）からなる、「ダイヤモンド庫」の4部構成のカタログが作成され、ヨーロッパの主要な言語に翻訳されて、潜在的なバイヤーに配布されました。1926年10月、英米系シンジケートを率いるアンティーク商、ノーマン・ヴァイス氏はいち早くこの話を耳にしてソビエトに駆けつけました。なにしろ彼は財宝の買い付けにソビエトを訪れた最初の外国人でしたから、重量がほぼ10kgというロイヤル・ジュエリーを、わずか5万ポンドで手に入れたとされています。ヴァイス氏はその一部をオークションハウス・クリスティーズに売却したのですが、ほとんどは彼が主催したオークション「ロシア帝国の宝飾品」でまとめ売りしています。その124のロットのなかには、エカチェリーナ2世が結婚式でつけた王冠、稲穂の形の飾りのついた冠、ルビーの花束入れなどが含まれていました。

革命後にクレムリンのダイヤモンド庫に収められていた773品目のうち、1920〜1930年代に、実に569品目が政府によって安値で売却されてしまったのです。売却されずに残ったのは、戴冠式のレガリアといくつかの宝石で、そのなかに「オルロフ」と「シャー」が含まれていたのは幸いでした。

ヴァイス氏が最初に買い付けた財宝のひとつに“The Golden Egg”と表現されたインペリアル・エッグがありました。クリスティーズでの落札価格は85ポンド、現在の200万円ほどの価格ですがその年のオークションハウスの最高価格だったとされています。1934年にロンドンで開かれたオークションがきっかけとなって歴史上屈指の宝飾品「インペリアル・エッグ」が世に知られることになったのです。

ノーマン氏はその後も、ソビエトに出かけては財宝を買い付けています。その彼のお店のVIP顧客の筆頭はイギリス王室でした。ロマノフの秘宝中の秘宝「ファベルジェ・エッグ」はヨーロッパの王室には知られた作品でしたから、王室も高い関心を示していたのです。1939年まで毎年ソビエトに買い付けに出かけたノーマン氏を通じてイギリス王室は、花束の籠（1901）、コロネード（1910）、モザイク（1914）という3個のインペリアル・エッグを入手しています。モナコ王室は青い蛇時計（1887）を所有しています。

4 散らばった財宝

▼イギリス王室のインペリアル・エッグ

1901　Basket of Flowers（花束の籠）

ニコライ2世からアレクサンドラ皇后に贈られたエッグ。このエッグのサプライズについては、何の記録もなく、あったとしてもいつ、どこでなくなったのかもはっきりしていません。正面にダイヤモンドで1901の年号が表示され、ひな菊、パイカウツギ、パンジー、矢車菊、朝顔とオートムギの花の花束の入った籠のエッグには、ファベルジェの刻印も入っておらず果たして本物なのだろうかという疑問を持たれています。

花束の籠(1901)

1905　Colonnade（柱廊時計）

ニコライ2世が皇后に贈ったこのエッグは、イースターのプレゼントというだけではなく、前年に待ちこがれていた後継者アレクセイが誕生したことを記念するものでもありました。ボウナイトに4色の金、銀、プラチナ、七宝が使われています。デザイ

柱廊時計(1905)

ンに時計を使ったインペリアル・エッグは4個とされており、そのうちのひとつがこのコロネードです。エッグは愛の寺院を象徴し、プラチナの2羽の鳩がニコライとアレクサンドラの愛情を表現しています。

ベースに座る4人のケルビム（天使）は、夫妻の4人の娘、卵頭部のキューピッドはアレクセイになぞらえたもの。アレクセイの右手には矢か枝のようなものが握られていて、時刻を指したはずなのですが残念ながらどこかで紛失してしまいました。サプライズは殻を開けると現れるこの時計そのものと考えられます。高さ28・6cmの時計を収めた「殻」は30cm強でしょうから、ファベルジェ・エッグとしては大きめですね。ポケットに入れて、というわけにはいかないサイズです。

1914　Mozaic（モザイク）

ビザンチンの得意とするモザイク風に宝石を散りばめた七

モザイク(1914)

宝の卵。ニコライ2世が皇后アレクサンドラに贈ったもの。

▼モナコ王室のインペリアル・エッグ

1887 Blue Serpent clock（青い蛇時計）

ニコライ2世からマリア皇太后に贈られたエッグ。乳白色にペイントされたゴールドの台座に時計が乗っています。台座は4色のゴールドが盛り上げられたモチーフで、ファベルジェの技術の高さをうかがわせるもの。蛇を表わすのは、スタンドからエッグ中央に向かって巻き付けられたダイヤを埋め込んだコイルです。

蛇の頭部と舌が、卵の周囲を回転するローマ数字の文字盤の「時」を指すのです。「分」はどうするのかなぁとは思いますが、この時代はゆったり時が流れるのでアバウトでよかったのでしょうね。

青い蛇時計（1887）

これは時計としての役割を果たした最初のインペリアル・エッグでした。このエッグのサプライズは時計そのものと考えられています。

▼持ち出されたインペリアル・エッグ

1916年 Order of St. George（聖ゲオルグ勲章）

マリア皇太后がお持ちになっていたエッグ。皇太后に贈られた最後のエッグは第一次世界大戦中に作られたものでした。

聖ゲオルグ勲章（1916）

イギリス戦艦マールボロでボルシェビキの手から逃れる際に皇太后が持ち出すことのできた唯一のエッグです。金、銀にオレンジ・乳白色・薄緑、白、黒の七宝、水彩絵の具、水晶、象牙が使われていたエッグの高さはおよそ9㎝。

殻全体にグリッドが施され、グリーンの葉を起点としたリボンが殻の前後で聖ゲオルグ勲章につながっています。勲章が小さなボタンになっていて、これを押すと、ひとつはニコライ2世、もう一方は皇太子アレクセイの肖像画が現れる仕組みです。

▼革命の年のインペリアル・エッグ?

1917 Karelian Birch（白樺エッグ）

金と白樺で作られたエッグは、ファベルジェが製作した最後の2つのエッグのひとつとされます。大戦が続く中、皇帝といえども財政は緊縮せざるを得ない状況でしたし、ファベルジェとしても支払いがなければ……、という財政面と世界中のあちこちが戦闘の場となっていたため、職人達も戦場に加わらざるを得ず「人出不足」に加えて、思うように素材を集められなくなっていたのです。そのためこのエッグは最初で最後となった「木」という有機物が素材として使われたのです。とはいえ、ファベルジェの作品ですからサプライズは気合いの入ったもの。

白樺エッグ（1917）

ゼンマイ仕掛けで歩行するダイヤモンドで覆われた小さな象でし

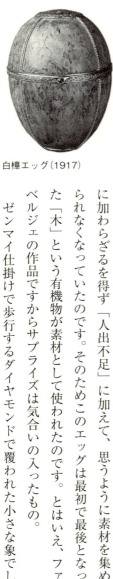

サプライズの象のゼンマイ

白樺エッグとケース

た。ゼンマイを巻く鍵にも宝石が埋め込まれていたということです。

行方不明とされていたこのエッグが現れたのは2001年のこと。ロシア人コレクターが購入し、2009年にドイツの温泉保養地バーデン・バーデンにファベルジェ・ミュージアムをオープン。ここにあるはず……、ホームページをチェックしてみたところ、白樺ではなく「星座」エッグの画像がありました。

どうやらロシア人コレクター、アレクサンドル・イワノフ氏は、「星座エッグ」はゲットされているようです。

1917 Constellation（星座）

ロシア革命が勃発したため未完成のまま行方不明となっていたエッグは、当時の書類によるとクリスタルのベースの台座は天使が戯れる姿、エッグは青いガラス製。ガラスには皇太子アレクセイの星座獅子座が彫られ、ダイヤモンドの星がセットされたもの（かする予定）でした。内部には時計の機械が収められていたとされます。

2001年モスクワのフェルマン鉱物博物館で酷似したエッグ（ダイヤモンドはセットされていない）が発見され、専門家は「これぞ未完のファベルジェ最後のエッグ」と信じていました。実際こ

星座エッグのスケッチ

のエッグを構成する各パートのインスピレーションのスケッチも見つかっているのです。ところがロシア人コレクターのイワノフ氏は、「エッグは完成されていて、１９９０年代に自身が入手したものがオリジナルのエッグである」と主張されています。バーデンバーデンのファベルジェ・ミュージアムにあるのが本物であり、エッグは完成していたのだと。イワノフ氏の見解に同意できないとする専門家もいるため、真相はあいまいなまま。

ファベルジェの曾孫という女性（タチアナ・ファベルジェ）がフランスにいらっしゃり、曾祖父の作品を研究されていて著書も出されています。彼女は家に残っていた資料から、白樺と星座エッグのスケッチや職人とファベルジェの書簡を見つけ出されています。ニコライ２世に届けられることはなかったにせよ、２つのエッグは作られていたというのが真相に思えます。

本来ならセットになっているべきサプライズが消失しているというのは、何処かでそれと気づかれずに売られてしまったからかもしれません。何しろ最高級の技で作られているのですから、どんなに小さなものでも見る人が見ればその価値はすぐに理解できるはずなのですから。この卵の代金としてファベルジェに支払われたのは、当時の大臣の年収を超える額だといわれています。これをどう評価するかは人によって異なることでしょうが、個人的にはこういう富豪の趣味の良い道楽は「文化」と

制作途中の星座エッグ

して残され、後の時代の観賞に堪えるという点で大歓迎なのですが……。

▼海を越えた卵達

驚くことはインペリアル・エッグの多くがアメリカにあることです。これに大きな関わりを持っているのが、ひとりのアメリカ青年、アーマンド・ハマーという若い実業家。彼の父親ジュリアス・ハマーはアメリカ共産党の元になる社会労働党の創設者で、革命前にロシアからアメリカに移住したロシア系ユダヤ人です。アーマンド・ハマーという息子の名前は、社会主義労働党のシンボルである「腕とハンマー」つまりArm & Hammerになぞらえたものというのですから、筋金入りです。ジュリアス・ハマーはソビエト共産党の熱心な支援者で革命後も支援を続けていましたから、その縁でソビエト政府の要人とも深いつながりを持っていました。息子のアーマンドは23歳（1921年）で初めてソビエトを訪れたのですが、父の伝手でソビエト政府の後楯を得てビジネスを開始します。父親の紹介でウラジーミル・レーニンとも直接会うことまでできたのです。レーニンは彼に「何でも好きなものを取りたまえ」と言い、ソビエトで彼のビジネスを支援する約束までしているのです。モスクワでの住まいとして与えられた広い邸宅は、現在のレバノン大使館だそうですよ。

レーニンとの約束は、彼に豊富な資源と膨大な労働力を活用するチャンスをもたらしました。アスベスト鉱山や鉛筆の生産などを手がけ、アメリカやカナダとソビエトの貿易を担うばかりではなく、ソビエトの影響下にある東ヨーロッパの国々との貿易にも積極的でした。レーニン亡き後もアメリカとソビエトの仲介役として政治や外交で重要な役割を果たすことになるのですが、それはそれとしてアーマンドは美術品収集家でもありました。彼がレーニンに贈った猿の置物はユーモアのあるとても面白いもので、レーニンはとても気に入り生涯執務室に飾って眺めていたといいます。それはダーウィンの「進化論」に座った猿が人間の頭蓋骨を手にしてしみじみと眺めているという像。なんともシュールで面白いものだと思いませんか?

ソビエトでのビジネスが軌道に乗りアメリカへの帰国を考え始めたアーマンドに、財宝売却話が伝わってきました。ビジネスマンとしての直感と美術品収集家の勘が働いたのか、インペリアル・エッグ15個を含むロマノフの財宝を購入してアメリカに戻ったのです。ロマノフ一家の悲劇的な最後と財宝の話は絶対に受けると確信していた彼は、デパートでの展示即売会を考えていたのです。王室を持たず、建国して僅か150年ほどの歴史しか持たない新興国アメリカで、300年続いた世界一裕福な王朝の豪華な財宝と優雅な宮廷生活そして処刑という終焉のドラマは、人を魅きつけるには十分でした。即売会は各地で大成功をおさめたのです。

ただこの大成功にはちょっと問題が……。ハマー氏が販売したロマノフの宝飾品は本物と偽物を混ぜて売っていたということです。本物3つか4つに対して偽物は50とか。単なる工芸品ですら皇帝のものとして販売したというのです。彼のことを知る美術評論家は、この業界では当たり前のことと話していました。「ロマノフの秘宝」のほとんどはロマノフ家に縁も所縁もない偽物という展示即売会をニューヨークの“Lord & Taylor”というデパートで開き、展示品の売却や仲介をしたのです。真贋入り混じった秘宝でしたが、皮肉なことに彼の活躍でロマノフ帝国と悲劇的な終焉に関心が高まり〝ロシア〟がアメリカに広まることになったのです。

奇跡的に助かったロマノフ家の末娘皇女アナスターシャを名乗る女性が複数登場したり、彼女をヒロインにした「Anastasia」（追想）という映画が撮られたのにはこうした背景があってのことなのです。宝石や金銀細工、イコン、宗教用祭具、ヨーロッパの名画や彫刻がお買得価格でアメリカに渡ったというわけです。中にはルーベンスの「エレーヌ・フールマンの肖像」（１６３０～2）、ラファエロの最大の作品「アルバの聖母」（１５１０）、ティツィアーノ「鏡を見るヴィーナス」（１５５５頃）、ヤン・ファン・エイク「キリストの磔と最後の審判」（１４３０頃）、プーサン「ヴィーナスの誕生　ネプチューンとアンフィトリテの勝利」（１６３８～40）、レンブラント「聖ペテロの否認」（１６６６）、ゴッホ「夜のカフェ」（１８８８）などの絵画も含まれていました。

財宝のロマンとロマノフの悲劇は多くの人を魅了しましたが、中でも富豪の女性達を強く魅きつけたのが「インペリアル・エッグ」でした。実際４人の富豪の女性達が複数手にしているのです。宝飾品に目がない女性達だからこそ、ファベルジェの洗練された色彩、細かな細工の卓越した技術に驚愕し、ぜひ手に入れたいと考えたのでしょう。なにしろお金に糸目をつける必要のない方々なのですから。

1915　Red Cross with Tripitych（三連祭壇画）

マチルダ・ゲティング・グレイは3個、マージョリー・メリウェザー・ポストは3個、リリアン・トマス・プラットは5個、インディア・アーリー・ミンシャルは1個のインペリアル・エッグを手にしました。中でも１９３０年代からロマノフの収集を始めたというミンシャル夫人の熱の入れようは半端なものではなく、晩年暮らしていた部屋はロマノフ・コレクションで飾られていて、その中心にはインペリアル・エッグ（Red Cross with Tripitych）が飾られていたと言われます。

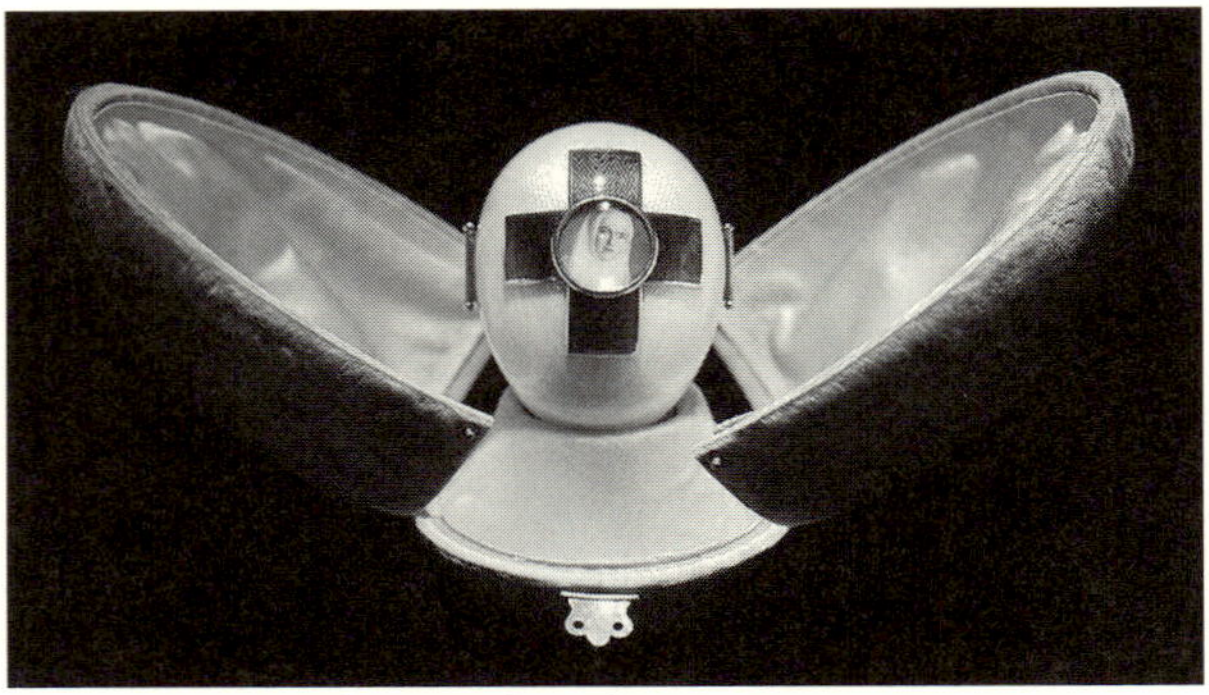
レッドクロストリプティック（1915）

皇后アレクサンドラに贈られたというエッグはレッドクロストリプティック（三連祭壇画）。ゴールドとシルバーに乳白色と赤のエナメルが使われています。

三方向に殻を開くと中にはレッドクロスマークと金の縁取りのエッグが現れます。エッグの両サイドのクロスには看護婦のユニフォーム姿の年長の２人の娘（オルガとタチアナ）の肖像がはめ込まれています。

タチアナの肖像は留め金になっていて開くと細密画が現れるというサプライズです。中心の絵は地獄、前年７月に始まった世界大戦はまだ真最中なのですから「復活」には特別な思いがあったのかもしれません。エッグの左右には２人の娘にちなんだ、ロシアキリスト教の創始者聖オルガと右に殉教者タチアナの肖像が左右に描かれています。エッグが垂直に開くのは、これとウィンターエッグの２つだけです。

第一次大戦まっただ中のこの年、疲弊する国庫の財政を考慮したのかファベルジェが「卵」に使った素材もかなり質素になっているのがわかります。それでも細工の見事さは変わってはいません。

サプライズの細密画

夫人のコレクションは、オハイオ州のクリーヴランド・ミュージアム・オブ・アートに展示されているのですが……、キュレーターによると相当数の偽物があるというのです。もちろん偽物は展示されず別に保管されていますが、キュレーターによると夫人は亡くなるまですべて本物と信じておられたということです。ロマノフに魅せられ、「私はロシアという国に対して不思議な忠誠心を抱いているのです」と自伝に記した彼女は、ハマー氏について「彼はとても良いことをしたのです。アメリカ人にロシアの芸術品の素晴らしさを教えてくれたのは彼だけなのですから」とも書いているのですが、まさかその彼に偽物を掴まされていたとは露ほども疑ったことなどなかったのでしょうね。でも最後まで本物と信じていたロマノフ所縁の品に囲まれて、天寿を全うしたのですから幸福な生涯といってもいいのかもしれません。

▼Fake Egg

それにしても「偽物」っていつの世にも登場するものなのですね。「本物」が貴重なのは、ゼロから創り出されたオリジナル"creation"まさに創造だからです。お手本があれば"imitate"真似をするのは容易なことです、腕のある職人さんさえ居ればの話ですが……。真偽は定かではありませんが、ロシアには絵画の贋作のスペシャリストが多いとか。そのため美術品や絵画に登場するのが、鑑定家という専門家達。その筋の目利きという高度プロフェッショナルで博識の方々ですからまさに「生き字引」のハズなのですが、イタチごっこという面白い能力開発の原理で鑑定家の目すら欺く腕のある職人が現れてしまうことです。

インペリアル・エッグは50個とされ、クレムリンに残った10個を除いた40個は海外に流出してしまいました。当時、所在不明のものが7個あり消えたインペリアル・エッグの行方に関心が寄せられていました。そんな中、１９７７年ロンドンのV&Aミュージアムにひとつのエッグが展示されたのです。

１９１７年革命の年に作られたというインペリアル・エッグで、ロマノフの終焉を示唆するかのように「Twilight Egg（黄昏）」と名付けられていました。イランの富豪のものというエッグは、２人の鑑定家が「本物」とお墨付きを与えたものでしたが後に偽物だったことが判明するという事態に。プロの目すら欺く出来栄えだったということがわかります。びっくりしたのは、「本物」と証明書を出した鑑定家が、後年のインタビューで「いやあ、あれにはすっかり騙されました。よくできていましたからね。それに私もまだ若かったので……、云々」とケロっとしていたこと。騙されたことよりも、騙した作家の腕が一枚上手だったということに落ち着いているようでした。

この作家、いったいどこの誰なのでしょうか?　できることならお願いしたいものですが、fakeであっても高嶺の花でしょうね。

▼フォーブス・コレクション

偶然にも革命の起きた１９１７年にバーティ・フォーブスによって創業されたフォーブス・マガジンの2代目社長マルコム・フォーブスは、１９６６年に初めてインペリアル・エッグを入手しました。以後オークションに出かけてはファベルジェ作品を落札し、最終的に12個のインペリアル・エッグと

350点のファベルジェ作品を手に入れたのです。ニューヨーク本社にマルコム・ギャラリーを開設して一般にも公開されていました。何故エッグは12個？　答は簡単で子供のような競争心の持ち主であるマルコム氏は何でも一番でなければ気がすまず、クレムリンの10個を抜きたかったというのがその理由。後年12個のエッグのうち3個は偽物と判明し、所蔵するエッグはクレムリンよりひとつ少ない9個となりました。フォーブスのエッグが偽物だったという騒動は、私の記憶ではマルコム氏が亡くなってからのことだったと思います。3個の卵の作者は？　もしかしたら「Twilight Egg（黄昏）」と同じ作者かもしれないと、勝手な想像が広がります。

▼フォーブス・コレクションの行方

2004年4月20日、21日の2日間、9個の卵を含む180点余りのファベルジェの作品（総額で100億円を超えるといわれた）をニューヨークのサザビーズがオークションにかける予定でした。めったに現れることのないファベルジェのまとまったコレクション、当然取引の内容と行方に注目が集まったのですが、驚いたことに2月4日に突然オークションの中止が発表されたのです。その理由にもビックリ！　なんと出品予定のすべての作品をロシアの大富豪が買い取ることになったからというのです。なんて太っ腹！　一括購入したのは、ヴィクトール・ヴェクセルバーグ氏。投資会社レノヴァ・グループの会長、なんでもロシアのアルミ産業や石油や天然ガスの投資で大儲けしたらしい。アメリカのフォーブス誌によれば、資産は148億ドルとか（ホントはもっとあるのでしょうね）。購入した目的は、自宅に飾るためではなくファベルジェ・ミュージアムの構想を実現するため。「ファベルジェ作品はロシアの歴史と文化にとって非常に重要なものであり大切に守らなければいけないと考えているからだ」とインタビューで語りミュージアムの構想を語っていました。

その構想は2013年11月19日サンクトペテルブルクにファベルジェ・ミュージアムをオープンすることで実現されたのです。(https://fabergemuseum.ru/)

フォンタンカ運河に面したシュヴァーロフ家の宮殿を改修し、歴史的なインテリアを再現したミュージアムそのものも、ヴェクセルバーグ氏が「時代の絆」と呼ぶ芸術作品です。開館当時4000点以上とされた収集品は、その後も充実されていると伝えられています。

「私たちは、18世紀から20世紀初めにかけてのロシアの歴史を映す博物館の創設を切に望んでいました。その時代のシンボルの一つは、宝飾芸術を極めたカール・ファベルジェです。ここを訪れる人々に展示品の美しさに触れるばかりでなくその時代の精神を感じていただくことを願っております」という氏の精神、こんなミュージアムを私設でつくってしまうなんてホント太っ腹でロマンチストの大富豪。凄いなぁ。スコルコボ基金総裁（ロシア版シリコンバレー建設計画）でもあるんですよ。

なにはともあれ、100年近い歳月を経て「美しいものを創りたい」とファベルジェが心血をそそいだロマノフの秘宝は祖国に落ち着いたというわけです。メデタシ、メデタシ。

あり余るほどのお金持ちがこういう使い方をしてくれるのは大歓迎です。

とやかくいう人もいるでしょうが、ロシアに心酔していたミンシェル夫人が言ったように、「ロシアの芸術や文化は素晴らしいものですし、その奥深い蓄積はロシアの人々に脈々と伝えられているのです」。自国の力を誇示するのは武器や兵士のような戦力だけではなく、「文化」の力によっても世界に示すことができるはず。どこの国にも固有の歴史と伝統に根ざす文化が息づいているのですから、ど～せなら文化力で競ってみたらどうでしょう。

敬意を持って相手の理解に努めるというのが人間関係の基本です。人間の集合体である国と国も同じようなものという視点に立てば、相手の家（国）にいきなり土足で踏み込むようなことはできないと思えますが、政治とソロバン勘定がそれを許さない現実に歯痒さを感じます。

▼オークション投機の対象に

ソロバン勘定といえば、気に入らないことに美術品や芸術品が投機の対象にされていることです。あり余ったお金の行く先に困って、なんでもかんでも投資や投機の対象に。最近の人気はクラシックカーに腕時計だとか。そもそもは実用品だというのにね。金融資本主義はどこまでいくのか……、という雑念は忘れて……。

インペリアル・エッグも数が限られていること、滅多にオークション市場に出ないことで価格が高騰しているのです。格好の投機対象になってしまいました。

ウィンター（1913）

1913 Winter（冬）

1994年ジュネーブのオークションに出品されたインペリアル・エッグ「ウィンター」は1913年の製作で長らく行方不明になっていたものです。

雪と氷に閉ざされるロシアの冬を思わせるかのように、透明なガラスをフロスト加工したようなエッグは水晶で

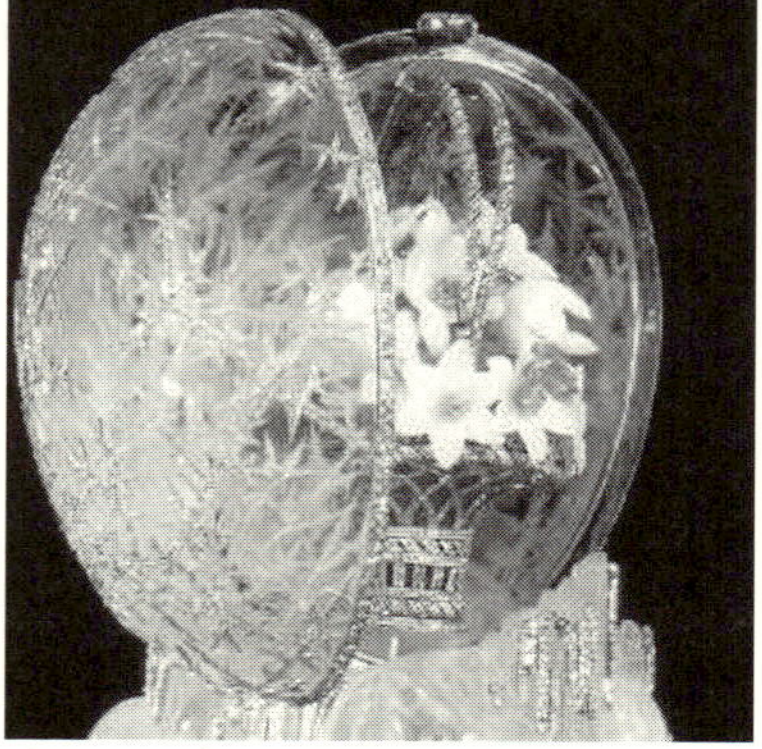

ウィンター（エッグ部分とサプライズの花かご）

つくられています。何種類もの正長石とプラチナに、１６６０個のダイヤモンドが散りばめられています。殻に霜と雪の結晶を表現したエッグは、アレクサンドラ皇后に贈られたもの。

サプライズはプラチナ製のミニチュアバスケット。

花は水晶、葉はグリーンのデマントイド、花々は金の台座から立ち上がっています。そしてバスケットに散りばめられているダイヤモンドは１３７８個。高さ10・２㎝のウィンター・エッグは皇太后に贈られたものですが、皇帝が支払ったのはエッグの中でも最高額といわれます。

大臣の年俸、何人分だったのでしょう。

オークションは２００万ドルからスタートし、５６０万ドルにまで跳ね上がりました。「５６０万ドルでよろしいですか？」の念押しにバイヤーはためらいを見せたのです。

「では先ほど○○○ドルを提示された方、その価格でよろしいですか？」の問いかけに、バイヤーはオークションのやり直しを申し出ます。オークションは２００万ドルから再スタート、初回同様に価格は跳ね上がりやはり５６０万ドルに、インペリアル・エッグとしては最高額で落札されたのです。

落札したのは匿名の人物でした。そして２００２年ニューヨークのオークションに再び登場した「ウィンター・エッグ」はほぼ倍近い９６０万ドルで落札されました。落札したのは当時のカタールのアミール（首長）ハマド・ビン・ハリーファ・アール＝サーニー氏と言われています。

すると現在は２０１３年に亡くなった父の後を継いだ8代目タミル・ビン・ハマド・アール＝サー

ニー首長の所蔵品ということに……。中東のカタールで、春の陽射しに溶け出したせせらぎを表現しているこのエッグから、厳しい冬が過ぎ去り春と復活祭を待ち望むロシアの人々の気持ちに思いを巡らすキッカケになってほしいものだと思います。

そういえば、一昨年ニューヨークのクリスティーズのオークションで、史上最高価格の4億5千30万ドル（約510億円）で落札されたダヴィンチのキリスト画（サルヴァトール・ムンディ）。本当の落札者は同じ中東の国サウジアラビアの皇太子だとか。ただカタールやサウジアラビアはイスラム教の国、復活祭の意味やキリスト画どーなさるのでしょうね。余談ながら、これまでクリスティーズが手がけたオークションでの最高落札はパブロ・ピカソの「アルジェの女達、ヴァージョン0」で、1億7千9百40万ドル（約200億円）ですから、額だけで比較しても2倍以上。ヒートアップしてますねぇ。

インペリアル・エッグではありませんが、ロスチャイルドの時計というファベルジェ作品。1902年にエドゥアール・ロスチルド（フランス読み）男爵の婚約祝いに贈られたというものですが、エッグに時計が組み込まれていて毎正時になると頭部が開いて雄鶏が姿をあらわして翼を開くというものです。

2007年のオークションでは8900万ポンドという高額で落札されたというのです。当時としては史上最高の落札額ということですが、この時計どこにあるのやら……。

庶民の私には0の多い金額は無縁のものですが、払える人は払えばよいと思っています。どうぞ経済を回してくださいという心境です。

ただ忘れてほしくないのが“Noblesse Oblige”の精神（「特権はそれを持たない人への義務を果た

することでバランスが保たれる」とご理解ください)、プライベートに所蔵するだけではなく、美術館などの一般公開で庶民にも拝ませていただきたいものです。

もともとイギリスの女性作家ファニー・ケンブルが1837年に書いた手紙に使われた言葉から始まったとされ貴族や王族に向けられた言葉ですが、身分制度がなくなった現代なら富裕層、権力者、有名人、政治家など社会の規範となるべき人々に実践していただきたい精神です。このところ世界中があまりにもお粗末で「今だけ、金だけ、自分だけ」という風潮で嘆かわしいったらありゃしないというのが現実なので……。

散らばってしまった卵達は、10個はクレムリン軍事博物館、サンクトペテルブルクのファベルジェ・ミュージアムに9個(2004年にヴィクトール・ヴェクセリヴェルグ氏がサザビーから180点以上のファベルジェ作品を一括購入したため、ロシアの卵は一挙に増えました)。アメリカヴァージニア・ファイン・アート・ミュージアムには5個、エリザベス女王が3個所有、ニューヨーク・メトロポリタン美術館に展示されている3個はマティルダ・ゲッティング・グレイ財団所有のもの、スイスローザンヌのエドワード&モーリス・サンド財団は2個所有、アメリカ・ワシントン州のヒルウッド・エステート・ミュージアム・アンド・ガーデンには2個、アメリカ・メリーランド州ボルティモアのウォルターズ・アート・ミュージアム、オハイオ州のクリーヴランド・ミュージアム・オブ・アートにそれぞれ1個、モナコ王室に1個、ロシア人コレクター・アレクサンドル・イワノフ氏は2個(?)、ミュージアムに展示しているのは1個、カタールに1個、そして個人所蔵が4個。美術館に展示されているものはともかくとして、個人所蔵のものは?　おそらくどこかの金庫で眠っているのでしょうね。いつの日か全部の卵を一堂に集めたファベルジェ・エッグ・コレクションを開いて欲しいものですが、無理でしょうね。

▼時代のうつり変わり

いずれにしてもインペリアル・イースター・エッグはロシアのラストエンペラー、ニコライ2世一家の辿った栄光と悲劇の歴史に深い関わりを持っていることで一層興味を掻き立ててくれるもの。

ロシアの皇帝は、極めて権力の強い東ローマ帝国の皇帝の後継者。つまり「コンスタンティノープル教会の最高権力者」ですから地上の権力と天上の神の代理（あくまで代理です）という権力のダブルデッカーです。この「絶対」権力者に対抗しうる貴族勢力なんて生まれない構造だったため、西ヨーロッパで起きていたような「玉座」を狙った反乱は身内以外にはありません。起きていたのはコサックと農民の反乱でしたが、それが頂点に達したために反動は体制を覆すまでの大きさに……。冒頭に書いたようにビザンチンの皇帝は、安らかな最期を迎えにくいというわけです。

イギリスの思想家アクトン卿の言葉に"Power tends to corrupt, absolute power corrupts absolutely"（絶対権力は絶対に腐敗する）というまるで言葉遊びのようなものがあります。

ロマノフ朝を崩壊させた１９１７年の2月革命から、74年後１９９１年にソビエト連邦崩壊。再びロシア（連邦）となりました。アクトン卿の格言の例を挙げれば、現在でも〝危うい〟国名が幾つか浮かびます。王制、社会主義、社会民主主義が暗礁に乗り上げ、民主主義（資本主義）も終焉を迎えているとされる現代、人間が安心して幸福に暮らせるのは一体どんな体制なのでしょう？

そもそも民族や国家、国民性、社会といったものは、長い歴史の中の一時的な革命でコロっと変わるものなのでしょうか？　大衆は目新しいものに好奇心はもつものですが、本質はさほど変わらない生き物だと思います。

2011年の映画に「Midnight in Paris」というウッディ・アレンの作品がありました。21世紀の主人公が、ふとしたことで1920代へタイムスリップしコール・ポーター、ヘミングウェイ、ダリ、ジャン・コクトー、マン・レイと当時活躍していた芸術家達と交流し〝ベル・エポック〟の時代が自分には居心地がよくこの時代に「生きていたい」と願うのですが、カフェで話をしていた2人の画家が「ルノワール」つまり印象派の時代は良かったと話し合っているシーンがあり、誰もが「昔は良かった」と古い時代を懐かしんでいるのを「面白いなぁ」と思ったものです。基本はラブ・コメディなんですが、パリと登場人物を楽しめる作品でした。そうそうサルコジ元大統領の奥方、カーラ・ブルーニさんが美術館のガイドに登場していることでも話題を呼びましたっけ。

ともかく昔のことならなんとなくわかる、先のことはわからないというわけで大衆が愛するのは「昔」、改革・革新なんていわれて珍しがるのははじめのうちだけ。それでも何か目新しいことを探すので、絶えざる革新は必要という面倒な生き物が人間なんですかねぇ。

▼ロマノフ朝の見直し

ソ連時代を経たロシアでは「ロマノフ朝」を再評価する動きが高まっていますし、ロシアが誇る宝石細工師ファベルジェの技術を復活させようとする宝石商も出てきているのです。王族をたどるとロシアと親戚関係にある国のひとつがイギリス王室。そのイギリスのドラマづくりは定評のあるところ。昨年だったか「戦争と平和」がテレビドラマ化されました。貴族社会が描かれているのですから登場する女性達のアクセサリーは豪華なもので、ティアラ、イヤリング、ネックレス、ブローチ、指輪と総数は一体どれくらい必要だったのかわかりませんが、丁寧な人物づくりに書かせない小道具として登場していました。これらのアクセサリーはロシアの宝飾家ピョートル・アショノフ氏の手によるもの、一部はドラマのために特別にデザインしたそうですよ。見ているほうは一瞬かもしれませんが、私としては気になってヒロインより視線はブローチや指輪に……、ということが何度もありました。なんとも奇遇なことに、アショノフ氏の工房は、トルストイが作中モスクワのロストフ伯爵家のモデルにしたロストフ家の邸宅だそうです。こうした協力で失われた何かが復活され、また新しい何かを生み出していくことってとっても素敵だなと思います。

日本だってその気になれば、お隣の国のアソコとかアソコと上手くやることだって可能なのでは？なにしろ日本の文化や生活習慣などは、大きな影響を受けているのです。揉めるとしても、知識レベルの高い人達であれば、武器なんて持ち出すことはないでしょう。もしかしたら「手」ぐらい出しちゃうかもしれませんが。あくまでも民間で、胡散臭い利権絡みの政治とは別の次元でね。

Ⅲ　隣国ロシアって知ってる？

1 「隣国」ってどこよ？

さて、細長い日本列島のどこに住んでいるかによって「隣国」と言われて思い浮かぶ国が違っているかもしれないと気づいたのは、恥ずかしながらつい最近のことです。東日本以西なら、韓国と中国を思い浮かべるでしょう。でも東北や北海道だったら？　ロシアはすごく近い国、まさに隣国です。「蝦夷地」と呼ばれどうもミソッかす扱いされていた北海道。でもそこには先住民のアイヌの人々が独自の文化と伝統にのっとって暮らしていました。北海道の歴史は縄文時代以前の2万年ほど前まで遡れることが明らかになっています。しかもその遺跡から津軽海峡を超えた本州との交流を示すものが見つかっているというのですから、船と操船技術があれば目の前のロシア（？）との交流があったとしても不思議ではありません。

なにせ最北端の稚内からサハリンまでは40㎞ほどというのですから、思いのほか近いのです。

原始林に覆われた大地で、野草を採り、狩りと川や海の魚を捕まえて厳しい自然と折り合いながら暮らしていた人々の伝統的な暮らしの中に和人が入り込んだのは14世紀になってからのこと。

蝦夷人を排除して独自の政権を打ち立てたのは、下北半島の豪族蠣崎氏。5代慶広の時豊臣秀吉に認められ蝦夷島主となり松前と改名。松前漬けの松前藩です。交易で知られる松前藩ですが、そのベースはアイヌ民族が築き上げたものでした。後からやってきて力を振りかざして搾取する……。松前藩にかぎらず薩摩藩と琉球、海の向こうではマヤとスペイン、アボリジニとイギリスとかインディアンとアメリカ入植者と世界各地で起きていたこと。先住民の知識と知恵の累積である文化を壊しちゃった罪は重いわよ。

特に文字を持たなかった先住民の歴史や伝統、習慣などが不明になってしまったのは本当に残念なことです。もしかしたら先住民のほうが、現代の私たちよりはるかに賢く豊かな生き方をしていたかもしれないのですから。絵文字のようなマヤ文字も少しずつ解読されてはいますが、「日暮れて道遠し」という印象はぬぐえません。こういう文字の解読や考古学の謎って、ＡＩに膨大なデータを入れてみたら何らかの答を出してくれるものなのでしょうか？

ＡＩにすべてお任せという時代が来るのか、それとも「ＡＩは人間の助けを借りずに自ら急激に進化してシンギュラリティのレベルを超えて、人間の知能をはるかに上回り自らの目的達成のために必然的に人類を絶滅に追いやる」ことになるのかわかりませんが。

そもそもＡＩの自らの目的達成って何よ？　目的は人間がインプットするものじゃなくなるのか？　勝手に目的設定なんてされたらコワイ。

まあ、別の意味で人間もコワイけど。ホント、今の世の中面倒ですね。

異常な暑さが続いている２０１８年の夏、直前は観測史上例をみない大雨の甚大な被害、この暑さ日本だけかと思ったら世界中らしい。ヨーロッパではHeat Wave（熱波）、パリやロンドンで35℃、それでも湿度が低い分マシとは思うけど、エアコン普及率は日本に比べると低いので皆さん大変。

スペインやポルトガルでは47℃だとか、ヨーロッパの最高気温は１９７７年ギリシャのアテネで記録された48℃だそうです。

スウェーデンの最高峰ケブカイセ山の南頂の氷河も連日数センチの速度で溶けているとかで、最高峰の座は北頂に明け渡したとか。

乾燥しているギリシャでは森林火災、山火事シーズン到来のアメリカもですが、ここ10年で最悪というとんでもない事態は気候変動がもたらすものと研究機関が発表しています。これおそらく悪化の一途を辿るんでしょうねぇ。

先日発表された世界終末時計では人類滅亡までの残り時間は後2分‼

１９４７年にアメリカの科学誌"Bulletin of the Atomic Scientists"（原子力科学者会報）の表紙に登場して以来、毎年記録されている時計によれば、２０１８年の様子は１９５３年と並ぶ過去最悪だとか。大きな要因は「核」と環境破壊。地球上のある国がヨカラヌことをすると、その影響は全世界に及んでしまうのです。先進国（と呼ばれる国）の二酸化炭素排出は、地球温暖化を促進するため異常気象、生態系の破壊、海面上昇、感染症の拡大、作物生産高の減少、森林火災などを引き起こし、移住を余儀なくされる人々は膨大なものと予測されています。言われてみると思い当たることばかり。恐ろしいのは人類滅亡までのログ曲線のどこに私たちがいるのかが、まったくわからないこと。なにしろ人類にとって初めてのことなのですから（参照WWFレポート）。

都会の夜は、昼間の照射を吸収したアスファルトにエアコンの室外機、おまけに車の排気ガスで、涼しくなんかなりはしません。パソコンやタブレットだって「熱」は帯びるし、冷蔵庫も。人間のやることは「便利」になればなるほど、自然や地球を苛めることになっているみたいです。ＡＩの利便性や活用を追求するのも結構ですが、どうせなら人間の「Raison d'etre」（存在理由）にでも思いを馳せて、ＮＨＫの番組タイトルではありませんが「人間は何処から来て、何処へ行くのか」じっくり考えてみる必要があると痛感しています。

人間が生きる知恵は先住民族、いまなら少数民族の処世術にあるように思えるので、ロシアと縁のありそうなアイヌの文化や暮らしも知っておきたいことのひとつです。

暑さのせいで私の思考はあちこちぶっ飛んでしまいましたが、想像力を働かせて極寒のロシアに戻ることにします。雪原を疾走するソリを想像すれば、少しは暑さをしのげるかも……。

▼ロシアと日本の関係って？

北海道の隣国ロシアとの交流の公的な記録は、18世紀のこと。300年ほど前の元禄年間、赤穂浪士討入り前の1695年（元禄8年）、大坂の大店淡路屋の船荷監督として江戸に向かった商品取引業者の伝兵衛さん。途中強い西風にあおられた船は太平洋に流されて……、7カ月後カムチャッカに漂着、モスクワに移送された伝兵衛さんはピョートル大帝に拝謁するという栄誉に浴したというのです。

一説によると、ロシアの改革を進めていた大帝は、日本との貿易を独占していたオランダの繁盛ぶりを見て日本に関心を寄せていたと言われます。そのため伝兵衛さんの話す日本と日本人に興味を抱いたピョートル大帝は「豊かな小国、日本」を知るために、伝兵衛さんにロシア語の習得と日本語の教授を命じたのです。そしてそれが終われば日本に帰国させると約束をしています。結局その約束は果たされず伝兵衛さんは1710年にロシア正教の洗礼を受けロシアで生涯を終えたのです。

しかしピョートル大帝の命令ですから、ペテルブルクに日本語学校が設立され、伝兵衛さんは日本語教育を担当し、亡くなった時には校長先生でした。1728年には薩摩の船「若潮丸」に乗っていたゴンザとソウザが漂着、ペテルブルクの科学アカデミー付属日本語学校で日本語を教える一方、ゴンザはアカデミーの司書ボグダーノフの指導のもとに日本語学習書『簡略日本文法』（1738）、『新スラブ日本語辞典』（1736～1738）、『友好会話手本集』（1739）などを著しています。

そのころの日本には「標準語」というものがありませんでしたから、出身地の薩摩方言が教えられていました。もし薩摩方言を話すロシア人に出会ったら、ゴンザの書物で勉強した人のご子孫かもしれません。『おろしあ国酔夢譚』（井上靖著）という小説の主人公の大黒屋光太夫（1783年漂着）は伊勢の船頭さん。女帝エカチェリーナに謁見し、帰国を願い出たところ、許可を得られたため漂流から10年後に帰国しています。

北前舟の難破

北前船のおかげで北海道の海産物や東北のお米など交易と流通が盛んになると大坂、神戸、伊勢の商人達が日本海ルートを使った「海の商社」として活躍するようになりました。莫大な利益を得られる北前船は商人に一攫千金のチャンスをもたらすものでしたが、海難事故も多く、文献によると「寄物・寄船・流船・流物・破船・難船・膠船・水船・沈船・当逢（衝突）・打ち揚がり」と文字通り命がけでした。

遭難するとほとんどは破損か沈没で、流船つまり漂流は少なかったとされますが、漂流すると潮流の関係でカムチャッカに流れついていたようです。そしてもう一つの海難事故、「拿捕」というのがあります。豊かな漁場を求めるのは、日本に限らずロシアも同じ。いわゆる北方領土の島々には先住民族のアイヌが暮らしていたことから、島の名前はアイヌ語に当て字をしたもの、国後は「クンネ・シリ」（黒い島）（もしくはキネ・シリ／キナ・シル）（草の島）、択捉は「エトゥ・ヲロ・フ」（岬のある所）、歯舞は「ハ・アブ・オ・マイ」（流氷が退くとそこにある小島）、色丹「シ・コタン」（大きな村）。

北上する日本と南下するロシアが出会うのは時間の問題ということで、幕府が本格的にアイヌの居住地を指す「蝦夷」地開拓に乗り出したのはロシアの南下に対する備えとして幕末期になってのこと。以後明治政府に引き継がれる開拓となりますが北方史じゃないので省きます。

おそらく私達の知らないさまざまな綱引きがロシアと日本の間に起きていたであろうことは容易に想像できますけどね。

▼高田屋嘉兵衛

そのうちの一つの事件が、1812年の高田屋嘉兵衛という商人の拿捕。この背景には1804年開国と通商を求めて長崎にやって来たロシアの外交官ニコライ・レザノフに対応した外交能力のナイ幕府の態度にもあるようです。対応にあたった老中土井利厚は「腹の立つような乱暴な応接をすればロシアは怒って二度と来なくなるだろう。もしもロシアがそれを理由に武力を行使をしても日本の武士はいささかも後れはとらない」と主張していたというのですから、なんともはや（自国を客観視できないのは国民性でしょうか、変わっていませんね）。

当時のロシア皇帝はアレクサンドル1世。国内政治より外交政策の業績が評価される皇帝ですから、上手に対応していれば日露関係は変わっていたかも……。

頑迷な幕府のおかげで、レザノフさんご一行は半年ほど長崎に留め置かれたまま通商は拒絶され帰国せざるを得ませんでした。ロシアに「腹の立つような応接」をしたのは、これが初めてではありません。

前述した漂流者大黒屋光太夫が エカチェリーナ女帝に謁見し帰国の許可を得るのに尽力したアダム・ラクスマンという軍人がいます。彼は1792年に光太夫を含む3名を日本に送還し、イルクーツク提督イワン・ピールの通商要望の親書を手渡すため根室にやってきました。鎖国中の日本ですから、親書は長崎でなければ受け取れない、通商を望むなら長崎へ行くようにと通告します。

漂流民3名は受け取りましたけどね。

長崎への入港許可は降りていたものの、ラクスマンはオホーツクに寄港するとそのまま帰国してしまいました。どう考えてみても、甚だ失礼な対応に思えます。半年も長崎で過ごしたレザノフ氏、「日本は武力を用いれば開国する」と皇帝に上奏し、日本への武力行使を部下に命じてしまいました。

命を受けた部下のニコライ・フヴォストフは報復として樺太や択捉を攻撃するという文化露寇（1806年）という事件を引き起こすに至ります。

これに対し幕府は「ロシア船打払令」を発布、ロシア船の打ち払い、近づく者は逮捕もしくは切捨て、漂着船は厳重に監視という措置にでました。さらにロシアに対する警備の強化として、津軽、南部、庄内、久保田といった藩に命じて3000にのぼる武士を徴収して蝦夷地警護にあたらせたのですが、現地の事情に通じない他藩の武士のこと、厳寒中の越冬に多数の餓死者と病死者を出すという悲惨なことまで起きてしまいました。事前に現地情報を入手しておこうとは思わなかったのでしょうか？　勢いだけで突っ込んじゃったのか、犠牲になった武士達はお気の毒です。

日露間の緊張が続き、1811年には千島列島で測量中だった軍艦の艦長ヴァシリー・ゴローニンを日本側が拿捕する事件が起こります。ゴローニン艦長は約2年3カ月の間日本に抑留されました。このゴローニン艦長の部下が、ピョートル・リコルド。艦長の解放を望むリコルドは、なんとかして消息を摑みたいと情報を収集するため日本船を拿捕しようと待ち構えていました。運悪くというか不思議な巡り合わせで通りかかったのが、高田屋嘉兵衛の船でした。嘉兵衛さんはゴローニンが生きていること、またカムチャッカに行くことに同意し抑留生活が始まったのです。

どうしても帰国したいと願う嘉兵衛さんは、手だてを熟慮。小間使いの少年オリカからロシア語を学び通訳ナシで話ができるまでに上達したのが、なんと9カ月という短期間。世の中にはSuper Learner（スーパーラーナー）という語学習得能力が異常に高い人がいると言われます。彼もそのひとりだったのでしょうか？

概して国境を接する国々では、Super Learnerかどうかはわかりませんが他言語を操る人が多いのは事実です。外国語を耳にするのが日常茶飯事だからかもしれませんが、少数の言葉や文節から文法を類推する能力は、IQとも学校の成績とも無関係というのですから面白いものですね。

観察力と洞察力も持ち合わせていた嘉兵衛さんは、ロシア人のプライドの高さに気づきます。ゴローニンと自分を交換させるには……？　またフヴォストフの行なった襲撃に対する皇帝の謝罪をロシア側に要求している幕府が納得する解決法とは？

ロシアとの紛争をこれ以上拡大させないために、フヴォストフの蛮行は〝皇帝の与り知らぬところで起きた暴走〟と釈明すればゴローニンを解放するとした幕府の意を伝え、親書を携えたリコルドとともに日本へ。めでたく捕虜交換で帰国となりました（1813年）。

ロシアにも幕府にも認められた嘉兵衛さんの商売は大繁盛、本拠を移した箱館はうらさびれた港から活気ある貿易拠点となりました。今日の函館の基礎を築いた人物として、今でも功績を称えられています。

ただ嘉兵衛さんが亡くなった6年後の1833年、幕府は高田屋に密貿易の疑いをかけるのです。それはゴローニン事件の際、ロシアと嘉兵衛さんが取り決めた「旗合わせ」という合図。ロシア船が襲撃しないよう高田屋の旗を掲げるとロシア船が赤い旗を出して確認しあうというのを隠していたとしてお咎めを受けたのです。事件から20年経ってもロシア側が律儀に約束を守っていたというのに、幕府には申し送りのシステムがなかったのでしょうか？　担当が変わると扱いも変わるという一貫性のなさだけは、脈々と受け継がれているというのにね。

この一件以来、高田屋は没落の一途を辿ったということです（もしご興味があれば、司馬遼太郎著『菜の花の沖』でもご一読を）。その後もロシア帝国政府は通商の申し入れのために、何度も正式な使者を送り続けるのですが、無事に来航した場合でも幕府は鎖国を国是として交易を拒否し続けたのです。

日本とロシアの間にあった清の勢いが弱まりつつあり、ロシアの太平洋に向かう動きは一段と活発になりましたし、ヨーロッパ列強が東アジアに本格的に進出するようになると、ロシアは国交樹立を急ぐようになります。イギリスがアヘン戦争の結果、清と南京条約を結んだことから極東地域の影響力を強化する必要があったからです。ニコライ1世の使節としてエフィム・プチャーチンが派遣されました。ニコライ1世の命は、あくまで「平和的に交渉」することでした。くわえて知日家の医師シーボルトから「紳士的に」と進言されていたため、対外窓口である長崎に向かったのです。

紳士的に平和交渉を目指した彼が長崎に到着したのは8月22日でしたが、このひと月ほど前にペリー来航、いわゆる黒船です。

▼開国

ロシアと違ってアメリカは「日本人は非常に礼儀正しいが、権威には弱い。こういう相手は脅すに限る」といういまも変わらぬ高圧的な態度で、「長崎なんぞに行っていられるか！」と江戸湾の入口浦賀に4隻の艦隊で登場。大砲をぶっ放して脅かすという行為に出たというわけです。「太平の眠りを覚ます上喜撰たった四杯で夜も眠れず」、幕府のうろたえぶりを、宇治の高級茶「上喜撰」を四杯飲んだだけで眠れなくなったとたとえた狂歌の出来は秀逸。冷静な目で世の中を見る感覚は凄い。こういう感覚の持ち主は今だっているはずですが……。厳しい意見が日の目をみるチャンスがないのが残念です。

大統領の親書を手に開国を迫るアメリカに幕府は時間稼ぎという手を使い、1年後に「お返事します」ということに。お約束の1年後にやってきたペリーの艦隊は7隻、驚いた幕府はついに「日米和親条約」を締結し開国に踏み切ったのです。捕鯨船の寄港地を求めていたアメリカの交渉術は恫喝と威嚇、なんとも品の悪いことで……。

プチャーチンはというと最初の交渉が上手くいかなかったため、ペリーが帰国した4カ月後1854年10月に再び来航。交渉が行なわれていた下田では、12月23日午前9時頃にマグニチュード7＋という安政東海地震に襲われたのです。静岡県から三重県にかけた強い揺れ、地震と不可分の津波は房総半島から土佐までという広範囲なものでした。そして下田の街のほとんどが壊滅状態になったのです。プチャーチンが乗船していたディアナ号も津波に襲われ大破、犠牲となった船員まで出てしまった大災害でした。自身も被害に遭ったプチャーチンでしたが、副官ポシェートと医師を同行させ、津波のお見舞いと傷病者の治療の協力を申し出て応接係をいたく感服させています。シベリアの産物を日本に売り、日本から食料を仕入れること、また毛皮の販売ルートの開発が目的だったというロシアはかなり紳士的だったようですよ。数回の交渉の結果、1855年2月ついに日露和親条約が締結されました。

この条約の第2条で、両国の国境が初めて「今より後、日本国と露西亜国との境、エトロフ島とウルップ島との間にあるべし。（中略）カラフト島に至りては、日本国と露西亜国の間において、界を分たず是迄仕来りの通りたるべし」と定められたのです。このあたりだとアメリカよりロシアのほうが、礼儀正しくお行儀も良かったことがわかります（北方四島の問題にはこの辺りまでさかのぼってみてはどうかなぁ……なんてね）。

プライドを傷つけてしまうと怖いロシア人ですが、恩義は忘れないし敬意は払うという美点を忘れてはいけません。

同じ司馬遼太郎氏の著書『坂の上の雲』に登場する広瀬武夫中佐はロシア留学後、駐在武官としてサンクトペテルブルクに滞在。大学で日本語を教え、またロシア人将校に柔道を教えるなどロシア人からも尊敬され、貴族にも受け入れられていたという人物。ロシア人女性アリアズナ・アナトリエヴナ・コワリスカヤとのロマンスでほっとさせられた軍人です。日露戦争前に帰国し、戦線へ。旅順港閉塞作戦で被弾し死亡。5日後、遺体は乗船し（魚雷を受けた）福井丸の船首付近でロシア軍が発見。戦闘中であったにもかかわらずロシア軍は栄誉礼をもって葬儀を行ない、陸上の墓地に埋葬したというエピソードがありまして、帝政ロシアの軍人（多くは貴族階級の子弟）の間には「礼節」があったことを伺わせるエピソードです。

ロシア貴族も敬意をもって接したという広瀬中佐はかなりの教養人でした、ロシア貴族や将校も教養を身につけていたことは確かですから、お互い「礼」をもった交際をしていたのでしょう。なにしろ「教養は礼節に通じる」と、宋の時代の中国でも言われていたのですから。いまの中国はどうなの?と思われるかもしれませんが、私は清朝までの中国と中華人民共和国は別物と考えることにしています。１９４９年10月１日に成立した中華人民共和国はまだ歴史の浅い新興国（?）。とはいえ、凄いパワーですが。

そうしたＤＮＡは今でも引き継がれているようで、リコルドとゴローニンの子孫は、２人の生誕２２０年にあたる２００６年にカムチャッカ州政府に提案したことにより、ナリチェボ自然公園内のまだ名前のついていなかった３つの山に「リコルド山」「ゴローニン山」「カヘイ峰」の名がつけられたことってご存知でしたか? 日本ではあまり知られていないかもしれません。

▼歴代皇帝

ロマノフ王朝はピョートル大帝、女帝エカチェリーナの２人の傑物の奮闘が、多彩な文化と芸術を育くむ基礎をつくりあげました。

歴代の皇帝は、

		在位	
1	ピョートル大帝（1世）	1721～1725	ロシアの近代化を強引に推進

2	エカチェリーナ1世	1725～1727	ピョートル大帝の妻
3	ピョートル2世	1727～1730	ピョートル大帝の孫 ピョートル大帝最初の妻エウドキアの息子アレクセイとシャルロッテの息子。僅か3年の在位（天然痘で死亡）
4	アンナ	1730～1740	ピョートル大帝の姪（兄イヴァン5世の娘）
5	イヴァン6世	1740～1741	イヴァン5世の曽孫。生後2カ月で戴冠 ピョートル大帝の娘エリザヴェータのクーデターにより廃位され、以後幽閉されたまま23歳で獄死。
6	エリザヴェータ	1741～1762	ピョートル大帝とエカチェリーナ1世の娘
7	ピョートル3世	1762～1762	エカチェリーナ1世の甥（姉の息子）
8	エカチェリーナ2世	1762～1796	ピョートル3世の后 夫に対するクーデターで女帝に。
9	パーヴェル1世	1796～1801	エカチェリーナ2世の長男 （父親は？ セルゲイ・サルトゥイコフか？）
10	アレクサンドル1世	1801～1825	パーヴェル1世と皇后マリア・フョードロヴナの長男
11	ニコライ1世	1825～1855	パーヴェル1世と皇后マリア・フョードロヴナの三男
12	アレクサンドル2世	1855～1881	ニコライ1世の長男、母はアレクサンドラ・フョードロヴナ
13	アレクサンドル3世	1881～1894	アレクサンドル2世と皇后マリア・アレクサンドロヴナ

14　ニコライ2世　1894～1917　の次男（兄ニコライは21歳で夭折）
アレクサンドル3世の長男
母は皇后マリア・フョードロヴナ

在位最長は言うまでもなくエカチェリーナ2世の34年間、最短はピョートル3世の6カ月。最年長の戴冠はピョートル1世の49歳、最年少の戴冠は2カ月と5日で戴冠したイヴァン6世。最も寿命が短かったのはピョートル2世の15歳。

2 ロシア文化と芸術

さて300年続いたロマノフ王朝（帝政ロシア）が、ピョートル大帝以来ヨーロッパの事物を収集していたのは前述の通り。ロシア初の博物館はピョートル大帝のクンスト・カメラ（驚異の部屋）という人類学・民族博物館。大帝が興味を持ったものの集積ですが、鉱物はまだいいとしても、「自然と人間による珍奇かつ稀覯なもの」を収集・所蔵する目的で建てられたというロシア初の博物館。奇形児や胎児、抜歯した家臣の虫歯等の標本展示はいくら大帝の趣味といわれても……、ちょっとね。

ロマノフ家は気合いの入ったエカチェリーナ2世以来、ヨーロッパの美術品や蔵書を収集し、外国から建築家や思想家、シェフなどを招聘して登用してきました。代々の皇帝もこれを継承、そうして現代のサンクトペテルブルクは「芸術の都」として位置づけられています（こういうのを〝レガシー〟というはずですが……）。宮殿、教会、音楽、文学、オペラ、バレエ……、サンクトペテルブルクのギャラリーとミュージアムは200以上、モスクワでは500以上というから驚きです。ロシアの人は暇があるとミュージアムに出かけるようですよ。1783年開場のマリンスキー劇場はエカチェリーナ女帝がオペラとバレエ専用の劇場として開設、1832年会場のアレクサンドリンスキー劇場など、皇帝の家族も足を運んだ由緒ある劇場も。

建築、内装、彫刻、庭園、美術工芸、音楽、文学、演劇……、そしてバレエ。

アメリカと一部のヨーロッパの情報は一般的な日本ですが、気づけば「お隣」のはずのロシアのことはよく知らないのではないでしょうか。もっとも1991年まではソビエト連邦でしたから情報も限られていました。エリツィン大統領の「ロシア」から四半世紀ほどしか経っていません。物心ついた頃から長い間私が〝教えられた〟のは「ソビエト」でした。レーニン、スターリン、マレンコフ、フルシチョフ、ブレジネフ、アンドロポフ、チェルネンコそしてゴルヴァチョフ。リーダーの中でかろうじて教科書でなじみのあるのがレーニンとスターリン、そして「グラースノスチ」「ペレストロイカ」のゴルヴァチョフというところでしょうか。ちなみにロシア連邦の初代大統領はお酒好きのボリス・エリツィン、後を託されたのがウラジーミル・プーチン、3代大統領はドミートリー・メドヴェージェフでした。そして4代大統領は、2012年から在任中のウラジーミル・プーチン、任期は2024年の5月までなんですよ。

私にロシアを感じさせたのは、ロシア料理店、ピロシキやロシアンティー、ボルシチ、ビーフストロガノフ、ラム酒の効いたババ（日本ではサヴァランと言うほうがわかりやすいかも）というお菓子に、ロシアケーキと呼ばれているクッキーを2度焼きしてジャムやクリーム、チョコレートが塗られていて、ナッツやドライフルーツを乗せたケーキというよりクッキーの親類。明治時代に中村屋でロシアの製菓技師から習ったとされていますが、なぜかロシア人は知らないみたいです。いわゆる「洋食メニュー」とはちょっと違っていて、ワクワクしたものです。そういえばシベリアという不思議なお菓子。カステラでアンコをサンドイッチにしたお菓子、和菓子それとも洋菓子？ 昭和初期の子供達の食べたいお菓子№1だったとか。１９３０年代のハイカラ女学生達は人形町あたりの「ミルクホール」でミルクコーヒーを飲みながらシベリアを食べるのが流行という記事があるというのです。つまり都会のハイカラさん達の食べ物が紹介されていたということ。今も同じですからホント本質は変わらないものですね。

そして歌声喫茶、カラオケと違って全員が同じ歌を歌うというお店でなぜかロシア民謡が歌われることが多く、西銀座コリドー街にあったお店の横を通ると微かにロシア民謡が聞こえてきたのを覚えています。

ヴォルガの舟歌、ともしび、カチューシャ、赤いサラファン、ステンカラージン、カリンカ、黒い瞳、ポーリシュカ・ポーレ、モスクワの夜はふけて、百万本のバラ……。中にはフォークダンスに使われていた曲もありますが、哀愁を帯びたマイナーな曲調が頭に残るもの。そういえばパッタリ聞かなくなって、久しいような。

民謡はともかく、クラシックではロシア人作曲家はすっかりおなじみで、チャイコフスキー、ラフマニノフ、リムスキー・コルサコフ、ボロディン、ムソルグスキー、ハチャトウリヤン、スクリャーピン、ストランヴィンスキー、プロコフィエフ、ショスタコーヴィッチ……、特にクラシック・バレエとは切っても切り離せないもの。

▼ロシア・バレエ

バレエといえば、皇太子時代のニコライ2世の交際相手はマチルダ・クシェシンスカヤというバレリーナ。彼女を紹介したのは、なんと両親。

引っ込み思案の皇太子が屈託なくつき合える女性として引き合わせたところ、皇太子はマリンスキー劇場の皇室席の常連となり、当時サンクトペテルブルク中の噂になるほどでした。

ただ結婚相手はアレクサンドラと決めていたので、結婚後は他の女性に見向きもしなかったということです。皇帝としてはひ弱で凡庸との評価がありますが、家庭人としては理想的だったでしょうからアレクサンドラと円満だったことはよくわかります。ただ初恋の相手に嫁いだアレクサンドラは皇后よりも「妻」になりたかったのではないでしょうか。アレクサンドル3世がもう少し長生きをしていたら、皇太子妃という猶予期間に少しは気楽な「家庭生活」を送って準備ができたのかもしれませんね。マリア皇太后の存在も心穏やかではなかったはず。悲劇的な最後を知っているからかもしれませんが、アレクサンドラの心境はどうしてもイギリスのダイアナ妃と重なるように思えてなりません。ただ幸せな家庭を築きたかっただけというのに、「公」を優先させなければならない立場というのは、時としてやりきれないものに思えます。代々の皇后様方はどうだったのでしょうか……。

公も私も思いっきり充実していたように思えるエカチェリーナ女帝、彼女のスケールの大きさは特別な例外のようです。

女帝の生涯のパートナーとも言えるポチョムキンが、任地に向かう前に女帝に贈ったというプレゼントもスケールの大きなものでした。エルミタージュのパビリオンの間に美術館のシンボル、世界最大のからくり時計「孔雀時計」が置かれています。からくりはほぼ実物大の孔雀、ふくろう、にわとりが中央の木に止まっていて、時間になるとフクロウが目を開けたり閉じたりしながら回り出し、次に孔雀がゆっくり羽を広げると、ニワトリが鳴き声を上げるという仕掛け、動力はゼンマイです。しかも全体はロシア人が好きな「金」。

メンテナンスはきちんとされていて、今でも動くというのが感動もの（月に1、2回は動かすそうですから、タイミングがあえば見られます）。

ポチョムキンは女帝を喜ばすため、イギリスの宝飾師ジェームス・コックスに注文しています。製作されたのは1770年代のことですから、ファベルジェが登場する100年ほど前のことでした。このジェームス・コックスのカラクリは、ファベルジェによってインペリアル・エッグの仕掛けに応用されたというわけです。この時計を大変気に入った女帝は、政務に疲れた時などよく時計の前でからくりを楽しまれていたそうですよ。

バレエ好きで知られるのはフランスのルイ14世で、自らも舞台で踊っていたほどの熱中ぶりで、1661年には王立舞踊アカデミーまで創立してしまいました。

肖像画を描かせるほど見事なおみ足がご自慢だったというルイ14世ですから、舞台で披露する時はさぞかしご機嫌だったでしょう。なにしろ「朕は国家なり」というお方です。「朕はバレエなり」で、ポジションや舞踊符などが確立されたのもルイ14世の時代でした。王様の舞踊教師ピエール・ボーシャンによって定められたものです。というわけで、バレエの用語は基本的にフランス語になっているというわけ。

言語にしてもバレエにしても、フランス人は体系化するのがお好きのようです。ルイ14世が踊っていたころは、演じられるのは宮廷のみで貴族のお楽しみに限られていました。1670年、さすがの王様も舞台から引退ということで、宮廷から舞台に広まったバレエはダンサーのものとなって次第に一般人も楽しめるようになりました。フランスの宮廷バレエが伝わったロシアでも18世紀にはバレエ学校を設立、クラシック・バレエが受け継がれることになります。そしてこのクラシック・バレエに新しいステップや民族舞踊を取入れたモダン・ダンスが生まれてくるのです。

そんな中、ロシアのバレエ・プロデューサー、セルゲイ・ディアギレフが1907年パリで行なった公演が大成功したのをきっかけに「バレエ・リュス」を設立します。ディアギレフは、シンプルで美しい舞台背景、音楽の新しい形式でロシア・バレエに新しい芸術性をもたらしました。ピカソ、シャネル、マチスといった当時のヨーロッパの一流アーティストが、バレエ・リュスの衣装や舞台美術を手がけたほどその名が知れ渡っていました。1929年に亡くなりましたが、それよりほぼ半世紀後の1976年イヴ・サンローランは「ディアギレフに捧ぐ」というロシア・コレクションを発表しています。オペラ座などのバレエ衣装や舞台衣装も手がけることのあったサンローラン、ディアギレフの偉大さはよく知っていたでしょうし、もし時代が違っていたら一緒に仕事をしたかったに違いありません。

バレエ・リュスはヴァーツラフ・ニジンスキー、アンナ・パブロヴァ、レオニード・マシーンといった天才的なバレリーナだけではなく、レオン・バクストのような舞台芸術家に作曲家ストラヴィンスキーを世に送り出しています。そしてコリオグラファー ジョージ・バランシン、かれの創作上の信念は「音楽を見て、ダンスを聞くこと」クリエーターならではの想像力ですね。

さらにロシア・バレエを有名にしたのは、１８００年代のアヴドチヤ・イストミナ（１７９９〜１８４８）、プラスコヴィヤ・レベジェワ（１８３９〜１９１７）、皇太子時代のニコライ2世のお友達マチルダ・クシェシンスカヤ（１８７２〜１９７１）、アンナ・パヴロワ（１８８１〜１９３１）、オリガ・スペシフツェワ（１８９５〜１９９１）といった歴代プリマの存在。「眠れる森の美女」「白鳥の湖」「ラ・バヤデール」「くるみ割り人形」「スパルタカス」は、ロシアが世界に誇る5つのプログラム。中でも「くるみ割り人形」は、ロシアのクリスマスに欠かせないそうで雪や樅の木より不可欠なようです。

これらの他に「ドンキホーテ」「ジゼル」といった有名なプログラムの振付けは、マリウス・プティヴァというフランス人。２０１８年の3月11日はプティヴァの生誕２００周年でした。60年間はロシアで働いていたというプティヴァさん、そのうち40年はマリンスキー劇場を率いていたとのことですから、古典はほとんど彼の作品ということになりますね。バレエの世界でもロシアとフランスの縁は深いようです。

モスクワのボリショイ、サンクトペテルブルクのマリンスキーは超有名なバレエの殿堂ですが、スタニスラフスキー&ネミロヴィチ・ダンチェンコ国立モスクワ音楽劇場、ペルミ国立オペラ・バレエ劇場、エカテリンブルク国立オペラ・バレエ劇場、バシキール国立オペラ・バレエ劇場、タタルスタン国立歌劇場、クラスノヤルスク国立オペラ・バレエ劇場に私立のスクールも多数ありまして、海外の留学生も受け入れるところがあるので、さまざまな国籍の「卵」達が切磋琢磨しているのです。ピラミッドの頂点に登れるのはごくわずかで、途中脱落なんて珍しくないようです。ソビエト出身のミハイル・バリシニコフはワガノワ・バレースクール出身。１９７４年にアメリカに亡命した彼の映画

「ホワイト・ナイツ」、バレエが上手いのはわかっていましたが、グレゴリー・ハインズとのタップのシーンは圧巻でしたっけ。バレエの基礎が身についていると、応用が利くのでしょうね。「一芸に秀でるものは、多芸に通ず」って言いますものね。

白鳥の湖のカーテンコールがなんと89回（ギネス記録）という、ルドルフ・ヌレエフも、瀕死の白鳥が代名詞のアンナ・パブロワも幼い時にバレエを見たことがこの道に進むきっかけでした。バレエ団の所属する劇場やプライベートなスクールが多いうえに、ほとんどの街に劇場とコンサートホールがあるので気軽に足を運べるということは、小さい頃から芸術に触れる機会を与えてくれるもの。ロシアの裾野の広さは、人材育成にも繋がっているようです。

そうそうロシアのバレエはスポーツにまで影響を与えているんです。フィギュア・スケート、新体操、アーティスティック・スイミングと名称を変更したシンクロナイズド・スイミング……。どれもバレエの要素が織り込まれているのはおわかりでしょう。どういうわけかロシアには美形が多い、中でもベラルーシは長身の美男美女が多いといわれています。しかもロシアの女性は自分を美しく見せることにとても気を使っているようですよ。

日頃から姿勢や仕草のひとつひとつに神経を使っていれば、いつの間にか習慣化してしまうので、苦にならないのでしょう。ロシアの親戚筋のイギリスでいまだに愛読されている"Etiquette for girls"という指南書があります。1759年の初版から時代に合わせて改定され、現在でも発売され続けている女性のためのエチケット本です。

この冒頭に「立ち居振る舞い：姿勢の良さは背を高くほっそりした印象を与えるだけでなく、自信に満ちた存在感をもたらします……。頭は高く持ち上げ、背中は丸めずに真っ直ぐに、前屈みにならなないように肩は後に引いて、お腹は引っ込めてヒップは前に……、見えない紐で頭の上から引っ張られているように。座る時にはきちんと座ること。膝頭を合わせること、足を広げて座るのはいただけません」と姿勢について触れられています。外国人観光客が増えているこの頃、日本の女性たちも日頃のちょっとした仕草に気を使って見てはいかがでしょう?

フィギュア・スケート、新体操、アーティスティック・スイミングのように「美しさ」とか「アーティスティック・インプレッション」を競うスポーツで容姿が美しいのは大きなメリット、しかもスケートや体操の選手達がバレエを習うのは当たり前というのですから、表現力も豊かになるわけで表彰台の常連となるのは必然かもしれませんね。シンクロでロシアと渡り合ったヴィルジニー・デデュー、鼻栓をつけない彼女は「水の妖精」とか「人魚」と呼ばれたフランス人。ロシアとフランスの間には切っても切れない縁があるようです。

▼芸術性のとどめは文学

聞くところによると、ロシアの学校ではプーシキン、ゴーゴリ、トルストイ、ソルジェニーツィンといった大作家の作品を教えているそうで、性別、年齢、階層に関係なく同一のインテリジェンス・スタンダードを学ぶというか習得できるようになっているのです。これって自分の国に誇りを持つことアイデンティティを養うのに理想的な方法のように思います。そういえば、フランスでも小学校から古典を教えられます。小さい頃には意味不明でもフレッシュな脳に刻み込まれたものは、ある程度の年齢になると「ああ、こういうことか」と納得がいくことが多いからです。文学を通して文化の共通水準を形成するということ、文学部イラナイ説を唱えるような文科省には「文化とは何か」をじっくり考えてもらいたいものです。

ロシア人にとって重要な文学作品は、

1　デニス・フォンヴィージン『親がかり』
2　アレクサンドル・グリボエードフ『知恵の悲しみ』
3　アレクサンドル・プーシキン『エフゲニー・オネーギン』
4　ミハイル・レールモントフ『現代の英雄』
5　ニコライ・ゴーゴリ『死せる魂』
6　フョードル・ドストエフスキー『罪と罰』
7　レフ・トルストイ『戦争と平和』
8　アントン・チェーホフの短編小説
9　ミハイル・ショーロホフ『静かなドン』
10　アレクサンドル・ソルジェニーツィン『イワン・デニーソヴィチの一日』

となっていました。

ロシアの作家は人間の存在や人生の意義について考えさせる作品が多いので、おのずと読者も考えさせられるということになるのですね。明治以来メジャーだったロシア文学、どこの時点で読まれなくなってしまったのでしょう。長編が多い、名前になじみがない、一人のひとの愛称が幾つかあるので誰が誰だかわからない（カラマーゾフの兄弟を読んだ時には、誰が誰だかわからなくなるのでメモに書いて参考にしたほどです）。このところ長編と縁遠くなっているので、反省しないと……。

雪に閉ざされた室内で、思索にふけると際限なく深刻になるらしく、文豪作品は暗くて難解、アイロニーと風刺が多くてユーモアが少ない。おまけに長いと敬遠する理由はいくらでも挙げられますが、でも人間という存在の問題について語るのはロシアの巨匠が多いのです。

『夜と霧』の著者ヴィクトール・フランクルはオーストリア人の精神科医ですが、ユダヤ系だったためアウシュビッツを経験しています。それも極限状態を。それでも「人間は自分の人生に意味を持っていれば、どんな苦しみでも切り抜けられる」と書いています。「たとえこの世界に独りきりだったとしても、人生の意味を見つけなければならない」と。ロシアの文豪の作品は、世界中の人々が「人間」を考える参考にしてきたロシアの文化といえそうです。

▼トルストイ

ロシアの文豪の筆頭に挙げられるのはおそらくトルストイでしょう。その彼が感銘を受けた45冊の本のリストを作っています。

美味礼賛のブリア・サヴァランが「君がどんな物を食べているか言ってみたまえ、君がどんな人物であるか当ててみせよう」と言ったように、どんな本を読んでいるかで、その人物がおぼろげながらでもわかる気がします。「本なんて読まない」という御仁はお手上げですが。

「あなたが35歳になっているなら、古代ギリシャの詩人ホメロスの『イーリアス』と『オデュッセイア』のいずれをもギリシャ語原文で読むべきだ」。ギリシャ語の原文……、驚いたけれど考えてみればロシア語もキリル文字、アルファベットに慣れている私達は不思議な形の文字ですが、ロシア人には見慣れた文字なので、私達にとっての中国語のようなものかもしれないと勝手に納得することにします。

で、トルストイが影響を受けたという本は、

14歳までの子供時代

旧約聖書の「創世記」

「アラビアン・ナイト」(アリババと40人の盗賊とカマル・アル・ザマン王子の物語)

14歳～20歳

新約聖書の「マタイによる福音書」(特に山上の垂訓)

ジャン・ジャック・ルソーの『告白』

アレクサンドル・プーシキンの『エフゲニー・オネーギン』

フリードリッヒ・フォン・シーラー(ドイツの劇作家)の戯曲「群盗」

ニコライ・ゴーゴリーの作品、『死せる魂』『ネフスキー大通り』など

チャールズ・ディケンズの『デビット・コパフィールド』

ミハイル・レールモントフの『現代の英雄』

20歳～35歳まで

ヨハン・ヴォルフガング・フォン・ゲーテの恋愛叙事詩「ヘルマンとドロテーア」

ヴィクトル・ユーゴーの『ノートルダム・ド・パリ』

ギリシャの詩人ホメロスの『イーリアス』と『オデュッセイア』（翻訳で）

35～50歳
ギリシャの詩人ホメロスの『イーリアス』と『オデュッセイア』（原文で）
ヴィクトル・ユーゴーの『レ・ミゼラブル』
アントニー・トロロープ（イギリスの小説家）『バーセット家の物語』
ミセス・ヘンリー・ウッド（イギリスの小説家）『イースト・リン』
ジョージ・エリオットの小説

50歳～60歳
新約聖書の福音書すべて（マタイ・マルコ・ルカ・ヨハネ）（ギリシャ語原文で）
旧約聖書の「創世記」（ヘブライ語で）
ヘンリー・ジョージ（アメリカの政治家・経済学者）の『進歩と貧困』
フレーズ・パスカルの『パンセ』
エピクテトス（古代ギリシアのストア派哲学者）の作品
孔子と孟子
エドゥアール・シュレー（フランスの作家）の『偉大な秘儀参入者達』
老子道徳経　（トルストイはこの翻訳に携わったメンバーのひとり）

1852年24歳でのデビュー作が『幼年時代』その後は、
『少年時代』（1854）
『青春』（1856）
『セヴァストポリ物語』（1855〜1856）
『コサック』（1852〜63）
『幸せな家庭』（1859）
『戦争と平和』（1864〜69）
『コーカサスの虜』（1872）
『アンナ・カレーニナ』（1872）
『教義進学研究』（1879〜80）
『懺悔』（1878〜82）
『イワンのばか』（1885）
『イワン・イリイチの死』（1886）
『闇の力』（1886）
『光あるうち光の中を歩め』（1887）
『人生論』（1889）
『クロイルェル・ソナタ』（1889）
『パアテル・セルギウス』（1890）
『神の国は汝等のうちにあり』（1891〜93）

『主人と下僕』（1895）
『芸術とは何か』（1897〜98）
『復活』（1889〜99）
『生ける屍』（1990）
『ハジ・ムラート』（1896〜1904）
『汝悔い改めよ』（1904）
『インドへの手紙』（1908）＊この後ガンディーと文通？
『文読む月日』（1903〜1910）

時代背景、私生活、影響を受けた本（これ以外にもあるはずですが）などが、著作に関わりを持っているようです。フランスでも“Crème de la crème”（クリームの中のクリーム、つまり最高級）と称されるトルストイ。「同じ人間が状況によって悪人から天使に、聖人から愚者に、強者から弱者に変わるもの」と認識していたため常に自己批判の理由を見つけて落ち込んでは反省を繰り返して歳月を重ねていたのです。

彼の言葉に「学問のある人とは、読書を通して学び多くのことを知っている人である。教養のある人とはその時代にもっとも広がっている知識やマナーをすっかり心得ている人である。そして有徳の人というのは、自分の人生の意義を理解している人である」というものがありまして、「読書」と人生に向き合うことの大切さが指摘されています。私達はトルストイというと世界的な文豪という彼の功績に目を奪われがちですが、ざっと見ても彼の人生はかなり複雑です。ロシアの名門貴族の生まれですから、食べるには困らなかったとしても宗教や女性、結婚生活と悩み事は多く、鬱々とした中から作品が生まれています。生涯ソリが合わなかったという奥さんのソフィアとの結婚生活がなかったら、「幸福な家庭はすべてよく似たものであるが、不幸な家庭は皆それぞれに不幸である」と始まるアンナ・カレーニナは世にでていなかったかもしれないのです。

そうそうアンナ・カレーニナと言えば、ロシアで肖像画の名手といわれた画家イワン・クラムスコイ（1937〜1887）の描いた「忘れ得ぬ人」という女性の絵があります。馬車に乗った女性のモデルは一体誰？という議論がありまして、アレクサンドル2世の愛人アレクサンドラ・アリベディンスカヤともいわれましたが、アンナ・カレーニナをイメージした女性ではないかという説がかなりリアリティを持っているようなのです。

「忘れ得ぬ人」

なにしろクラムスコイとトルストイは親しく交流していて、クラムスコイはアンナ・カレーニナの執筆を始めたトルストイの屋敷で彼の肖像画を描いていたほどです。物語に登場する画家ミハイロフはアンナの肖像画を依頼されるのですが、画家のモデルはクラムスコイというのが通説。ですからクラムスコイがアンナの肖像画を描いていたとしても不思議ではありません。後頭部とこめかみでカールしているというヘアスタイルはアンナの特徴、背景はペテルブルクのネフスキー大通りアニチコフ宮殿付近、左折した先にはマリンスキー劇場と筋書きとピタリと一致するというのは、偶然なのでしょうか。それとも、作家と画家の壮大な洒落だとするとロシアの芸術家達も結構お茶目なところがあるもので……。

芸術やファッションは時代を反映したメッセージがこめられているものでもあります。創り手が何を考えて、どんな環境でつくっていたのか……。もしそれぞれの作品が口をきけたら伝えたいことがたくさんあるはずです。ファベルジェ作品のように、豪華というだけではなく皇室という特異な存在が大切にしていたものといえば特別です。いつ誰が持ち去り、どのように移送されどこに保管され、どんな人々の手に渡ったのか……。触れてみるとか手にしただけで瞬時に3D映像が脳裏に、なんていうのは無理ですかね。ゲームだって3Dになっている時代ですから、そのうち何かできるかも。なにしろこれからどうなっていくかが読めないほど進化しているのですから。そうはいっても過去へのタイムトラベルは不可能のようです。時は一方通行で過ぎてゆくだけのもの、実際に「流れている」ものではないので過ぎた時点で思い出になるだけ。書類や日記など検証可能な証拠が出てきた場合を別にすれば、つまり過去の芸術品を巡る世界を想像するのは、自由というわけです。

人類史上幾つもの帝国や王朝が栄えては滅亡してきましたが、時の権力者の号令で作られたものはどこでも建造物なら観光名所ですし、美術品や芸術品は博物館の目玉です。庶民の犠牲はいかばかりだったかと類推することはあっても、あまり実感の湧かないままただただ感心するばかりなのですが、今の建物や芸術品って時代を経て「観光名所」や「目玉」になるものはあるのかしらと思わされることがしばしばあります。いずこの国も先人の〝遺産で食べてる〟ってことになりますね。帝国や王朝は、当時の庶民には迷惑千万ながら文化的には意義があったということになるのかもしれません。

▼帝国復活？

このところ秘かに感じていることに「帝国復活」の兆しというものがありまして、ロシアではプーチン大統領が「ロマノフ王朝復活」を、中国では最盛期の明の時代を復活させようとしていて「皇帝」を目指しているとか、トルコを見ればどうみてもオスマントルコの権力者の座を再びというように感じられるし、イランはペルシャ帝国再び？と思わせられてならないのです。「昔は良かった」をつきつめるとこうなるのかしら。

ま、火付けは「Make America Great again」の誰かさんかもしれませんけど、私の疑問は彼の国が「Great」だったことがあるのかなってことです。日本では「偉大な」と訳されていましたけど臍曲りの私としては規模の大きさってことか……、なんて思ったりもするのですが、ともかく行き詰ると「昔の栄光を再び」ってことになるようですね（大日本帝国の復活？？？　遠慮しておきます）。

ロシアも中国もトルコもイランも、自然や歴史の集積が国を形づくっていますから、日本の尺度ではかることのできないものです。同様に彼らの尺度で日本をはかることもできません。「違い」を非難し正そうとしたところで、土台無理な話ではないでしょうか。それよりも「どうして」違ってきたのかのプロセスを知るほうが重要だと思うのです。

経済の面はどこも成長を目標にしたグローバル化になってしまいましたから、ある意味でユニバーサル・スタンダード、「違い」が目立つのは文化の面でしょうか。

文化はCultureと訳されることの多い言葉ですが、Cultureの語源を辿ってみると、ラテン語の「Colere」土地を耕すという単語に行きつきます。土地の耕し方は気候や風土によって変わるもの、暑い、寒い、温暖、乾燥地帯、湿地帯……。当然そこで育つ作物も違ってきますし、食べ物も食べ方も違うはずです。地域による違いは、衣食住のすべて、物産、風俗習慣、建物の建築様式、生活習慣、宗教、言語、歴史と伝統と地域に根付いた生き方を形成してきました。これが「文化」と呼べるものではないでしょうか。

Colereが英語に取り入れられたとき、「耕す」のは土地だけではなく「心」にまで派生し「心を耕す」つまり教養や文化を指すようになったとされています。

ついでながら日本語の「文化」の語源は中国で刑罰や威力を用いないで、学問の力で感化し、教え導くという意味の「文治教化」という四文字から。つまり武力を用いて影響力を及ぼす「武化」の対義語として「文化」となったとされます。でも心を耕すのは自主的になること、感化し教え導くというのは下手をすると上から目線の圧力に。パワハラにならないように気をつけましょう。

ちなみに「経済」はやはり中国の古典から「経世済民」、世を経《おさ》め民を済《すく》うからというのですが、このところの経済は世を混乱させ、民をいたぶっているように感じられますけど。

▼文化

「文化」というとすぐに「文明」が思い浮かぶもの。「文明」はCivilizationと訳されるようにラテン語のCivitas（都市、国家、都市国家）から派生した言葉でCivil（市民の）、City（都市）、Citizen（市民）という言葉が生まれています。土地を耕す農耕から都市を形成して発展したものが文明で、この2つをわかりやすくしてくださったのは、司馬遼太郎著『アメリカ素描』（1985）。

文明は「たれもが参加できる普遍的なもの・合理的なもの・機能的なもの」をさすのに対し、文化はむしろ不合理なものであり、特定の集団（たとえば民族）においてのみ通用する特殊なもので、他に及ぼしがたい。つまりは普遍的でない。

例えば青信号で人や車は進み、赤で停止する。この取り決めは世界に及ぼしうるし、げんに及んでもいる。普遍的という意味で言えば交通信号は文明である。

逆に文化とは、日本でいうと、婦人がふすまをあけるとき、両ひざをつき、両手であけるようなものである。立ってあけてもいいという合理主義はここでは成立しえない。不合理さこそ文化の発光物質なのである。同時に文化であるがために美しく感じられ、その美しさが来客に秩序についての安堵感をもたらす。ただし、スリランカの住宅にもちこむわけにはいかない。だからこそ文化であるといえる。

しかし文明は必ず衰える。いったんうらぶれてしまえば、普遍性を失い、後退して特異なもの（文化のこと）になってしまう。いま馬乳酒は世界の普遍性から見れば特異であり、いまこれをニューヨークや東京のホテルで出すわけにいかない。異文化（エスニック）もまた文明材となるときがある。たとえばジーンズは20世紀のはじめ、デトロイトの自動車工の労働服だったという点で特異かつ少数者のものであったのが、アメリカ内部の普遍化作用のなかで吸い上げられ、世界にひろまったとき、新しい文明材となった。

記憶に刻み付けられたのが、「アメリカとは文明だけでできあがっている社会」だとした一文。司馬氏が初めてアメリカに旅行する前に、「文明だけで成り立った国を見てみたい」とインタビューに応じられていた記憶があります。

しかし人は文明だけでは生きられない、という前提をのべて、だからこそアメリカ人の多くは、なにか不合理で特殊なものを（つまり文化を）個々にさがしているのではないか……文明のみであなたOKですという気楽な大空間がこの世にあると感じるだけで、決してそこへ移住はせぬにせよ、いつでもそこへゆけるという安心感が人類の心のどこかにあるのではないか。この人のみじかいことばは、そういう意味のようであった。

文明が物質的な面を強調するのに対して精神的な方面での（文学、芸術、哲学など）民族的な特徴、個性をさすと考えてよいようです。文化というものは輸出入できるものなのでしょうか？　おそらくはできないものだと考えます。その理由は別の土地に移せば、自然環境や社会的環境の違いから、そのままの形で根付くことはおそらく無理。その地にあわせて変容するかまったく根付かないかのどちらかでしょう。はるか昔に大陸や半島を経て伝えられた文化で日本に根付いたものは日本という土壌に合わせて独自の発展を遂げ、日本固有の文化となっています。そして文化の基本にある「自分でやる」という特徴を忘れてはならないこと。「人が耕す」のを見ているだけでは、耕すことにはならないのです。

自分でやってみる、菜園で野菜や果物を育ててみる、収穫した野菜を自分で調理する、目の前に広がる大自然をスケッチする、楽器を演奏する、土をこねて焼き物にチャレンジする……等々、自分の手、身体、五感のすべてを使うことで地域の文化は豊かになるものです。もちろん優れた文化に触れることも大事。これに触発されて傑作が生まれるきっかけになるかもしれません。

ともかく「心を耕す」ことです。そして文化は何よりも「楽しい」もの。

例えば語学を例にとってみれば、仕事で必要だからと義務感からするのは「学習」でしかありません。でも「こんな言い回しがあるのか」とか「こういう表現をするんだ」といったように日本語と違う発想を面白いと感じ、興味を抱いて掘り下げていくのが楽しみになると、それは文化に触れることだと思います。世界で普遍的なものとされる「文明」では耕すことのできない「心」を楽しませてくれる「文化」。ひとつの国を知るには、文明という普遍的な尺度だけではなく、文化という面からも掘り下げてみる必要があると感じます。

▼ロシアあれこれ

エカチェリーナの戴冠式では「神により選ばれしエカチェリーナ。モスクワ・キエフ・ウラジーミル・ノブゴロド・カザン・アストラハン・シベリア・プスコフ・スモレンスク・エストニア・リホリア・カレリア・トヴォリ・ユグラ・コーカサス・ペルミ・ピョトカ・ブルガリア・チエルニヒウ・リャザン・ロストフ・ヤロスラブリ・ペロオゼロ……これらすべての土地の正当な支配者」と宣言されていたようで、当時の人口は２０００万程度でした。

ＩＳＯの資料によると、最大面積１７０９万８２４２㎢、共和国（４８８万52㎢）を除いても１２２１万３０４２㎢と日本の約45倍、世界陸地の11・５％。人口は１億４３７０万人、日本の１億２７０６万のひとつ上（２０１４年の世界人口白書）。

ウラル山脈の東側はアジア、西側はヨーロッパとされ、世界一寒いムルアオイミャコン村マイナス

71・2℃。シャボン玉は膨らまず、魚は釣り上げるとすぐ冷凍に。アイスクリームは暖かい食べ物だそう。温暖化でメタンガスが溶け出して、穴があく。火をつけると燃えるメタンハイドレート。

現在のロシアは、アドゥイゲ、アルタイ、イングーシ、ウドムルド、カバルタバルカル、カラチャイチェルケス、カルムイク、カレリア、北オセチア、クリム、コミ、サハ、ダゲスタン、タタールスタン、チェチェン、チュバシ、トゥバ、ハカシア、バシコルトスタン、ブリヤール、マリエル、モルドヴィアという22の共和国を含めて46の州、9つの地方、3つの市、1つの自治州、4つの自治管区という85の連邦からなる国。民族は182という多民族。公用語はロシア語だけれど、各共和国の公用語は26言語もあるとか。

そのロシアの広大さを実感させられたのが、上空を飛んだ時。冷戦時代ヨーロッパへのフライトはアンカレッジ経由でした。ロシア上空が飛行禁止のため北周り、アンカレッジまで6、7時間そしてヨーロッパ主要都市まで8時間にトランジットも含めた合計で16、7時間かかった記憶があります。「フランスに行きたしと思えどフランスはあまりに遠し」まさに萩原朔太郎の詩のようでしたし、時差ぼけにも悩まされたものです。80年代終わりだったかモスクワ経由便が登場し4時間ほど短縮。シェレメチェボ空港で給油のためのトランジット、空港ロビーで再搭乗の案内を待たなければなりません。当時の空港ではタラップを降りてカラシニコフ銃を持った兵士の脇を通ってターミナルへ。そのターミナルでは電力節約のためか、到着便の乗客がターミナルビルに入ってから館内の電気をつけるということになっていました。免税店にあったのは、キャビア、マトリョーシカ、琥珀、ウォッカ……。スナックや飲料などを買うにしても価格はルーブル。外貨はもちろん受け取ってもらえましたが、おつりはルーブルで、レートもよくわからないまま受け取っていました。雪が積もっている時などは、なぜか兵士の姿をチョッピリ怖く感じたものです。なにしろ銃を脇に抱えているのですから。それでも時間が短縮されたのが嬉しくて、モスクワ経由を利用したものです。その後シベリア上空を横切る直行便が登場、ほぼ12時間でヨーロッパに到着できるようになりました。日本を出ると2時間ほどでロシア上空、その後ずーっとロシアの上を跳び続けロシアを抜けたと思ったら2時間ほどで空港着。地図や地球儀などで見るよりロシアの広大さを思い知らされます。

ここに至るまでロシアが繰り返してきた戦争は、スウェーデン、トルコ、ポーランド、ドイツ、フランス、日本、中国と、ロシアの歴史家によると１２００年から１４６２年の間には２００回の戦争と侵攻が行なわれ、14世紀から20世紀までの５２５年の間で３２９年が戦いだったというのですから、平和だったのは歴史の三分の一ほどでした。そんな血なまぐさいドサクサの中でサンクトペテルブルクという人工都市を建設してしまったり、エルミタージュの基礎となる芸術作品を収集し、華麗な宮廷生活を送っていたとは。前線や建設現場ではどれほど悲惨だったことでしょう。怨嗟の積み重なりが、革命に発展したのも無理からぬことという気になります。

人口は日本と似たようなものとしても、国土の大きさは比較にならないスケールです。島国の日本では「国境」の実感を持ちにくいものですがこの広大で資源豊富なロシアは立派な隣国です。それなのになぜか中国や韓国よりなじみが薄いように思えるのはなぜなのでしょう。

思い出してみると、歴史の授業でとりあげられたのはほとんど革命以後のことだったような気がします。共産主義のソビエトのイメージは必ずしも良いものではありませんでしたし、情報量もアメリカに比べるとはるかに少ないものでした。情報公開されなかったこととソ連のイメージを〝悪者〟にしておきたい西側諸国の意図があったのかもしれないと思います。そのせいでしょうか、音楽、文学、バレエ、サーカス、演劇……、となんともステレオ・タイプ。文化面ではかなり影響を受けていたはずなのですが、最近はあまり話題にならないように思います。

毎年開催されている交流イベント「ロシア文化フェスティバル・イン・ジャパン」は２０１８年には13回を迎えています。３００以上のプログラムが用意されているとされていて、クリスマスまで全国どこかの都市で何らかのイベントが開かれる予定です。こうしたイベントがロシアへの関心や理解が深まるきっかけとなるのは素敵です。国をＰＲするのに「どうだ凄いだろう！」と兵器や兵士をパレードさせるよりは、芸術や文化をアピールするほうが穏便だし受け入れやすいものですから。日本だって威張れるものはたくさんありますよ。15年ほど前、日本や日本人をあまり知らないままなんとな～く反感や猜疑心を抱いていたロシアで起きた「日本ブーム」。映画、漫画、文学、風俗、和食に日本語学習まで……おかげでちょっぴり親しみを持ってくれたようなのです。

日本でもちょっとしたきっかけで、〝おそロシア〟のイメージは変わるかもしれません。

壁や塀を設けて隣国との往来をシャットするより、

"Geography has made us neighbors. History has made us friends. Economics has made us partners, and necessity has made us allies. Those whom God has so joined together, let no man put asunder."

（地形が我々を隣人にし、歴史が我々を友人とした。経済が我々をパートナーにし、必要が我々を同盟とした。JFK　May 17, 1961 Canadian Parliament）

壁だか塀だか作るといっているオジさんも、ただただ語気を荒らげてスピーチするだけでなく、このくらい気の利いたことを言って欲しいものです。歴代のアメリカ大統領の中でもＪＦケネディの

１９６１年１月の就任演説は秀逸。

All this will not be finished in the first one hundred days……nor even perhaps in our lifetime on this planet. But let us begin.（このすべてが、最初の１００日間で達成されることはないだろう。この政権の任期中にも、あるいはわれわれがこの地球上に生きている間でさえも、おそらく達成されないかもしれない。しかし、とにかく始めようではないか）。

この"Let us begin together"は「自由の讃歌」という唄にまでなってしまいました（https://www.youtube.com/watch?v=4DMURserfvA で見てみてください）。スピーチライターがいたとはいえ、品格と説得力のあるスピーチの多い大統領でした。

タキ・テオドラコプロス（通称タキ）というギリシャの作家が、スペクテイター誌のコラムで「ある程度のスタイルを持っていた最後の政治家」と認めたのがケネディ大統領でした。彼が暗殺されたのが１９６３年11月22日ですから、55年も前のこと。同じ頃のコラム（１９８５年だったか？）で世界の指導者がピグミーのように矮小になったこの時代に……、という一文がありました。彼が敬愛するのはマケドニアのアレキサンダー大王（BC356～BC323）、ギリシャから東方へ遠征しわずか10年でインダス川まで達しギリシャとオリエントを結ぶ帝国をつくりあげた英雄で世界最大の征服者とされています。アレクサンダー大王を思うと人類の指導者が、昔から矮小ではなかったことに一縷の望みがわいてくるからだそうです。

２０００年ほど時代がくだったロマノフの皇帝の中にも、ピョートル大帝やエカチェリーナ２世のように「眠れる獅子」をヨーロッパと肩を並べる大国に導いたリーダーがいたのです（かなりの人的犠牲が払われてはいますが……）。力で領土を広げたことだけではなく、芸術や文化面でもヨーロッパを驚かせただけではなく後に続く皇帝たちの「審美眼」を養う道筋をつけたことが、今日の「芸術の国、ロシア」に繋がっているとも思えるのです。皇帝達の夢が紡いだロシアという国。近くて遠い国ともいわれるロシア、先入観なしに探求してみるのも悪くないとは思われませんか？

▼Blood Line（血統）

ところでロマノフの祖、ミハイル・ロマノフから5代目の皇帝がピョートル大帝ですが、彼は意図したことではないにせよ、それまで守られてきたロシア人というロマノフの血統まで改革（？）してしまいました。前述のように後継ぎのはずのアレクセイは獄死。後を継いだのは2番目の妻エカチェリーナ1世。彼女はリヴォニア（現在のラトビアの東北部からエストニア南部にかけての地域）出身で、出自は不明。つまり両親は、ポーランド、スウェーデン、デンマーク、ドイツあたりの可能性もあるのです。ということで純粋ロシア人とはいえないわけです。エカチェリーナ1世の後は、獄死したアレクセイの息子10歳のピョートル、母親のシャルロッテ・クリスティーネはドイツ系ですからロシアの血は半分です。そのピョートルは14歳で夭逝、後はイヴァン5世の娘アンナ。彼女の母はロシアの貴族でしたから、アンナは100％ロシア人。そのアンナの後は生後2カ月のイヴァン6世。イヴァン5世の血統を守ろうとする動きでしたが、ピョートルの娘エリザヴェータがクーデターを起こして廃位されたうえに幽閉されてしまうのです。エリザヴェータはピョートル大帝とエカチェリーナ1世（マルタ・スカヴロンスカヤ）の娘ですから、半分はロシア人。子供がいなかったため甥（姉の息子）カール・ペーター・ウルリヒ（ホルシュタイン＝ゴットルプ家というからドイツ系？のためロシアの血は四分の一）がピョートル3世に。結婚相手はエカチェリーナ2世、つまりドイツ系。皇帝には不適格の夫ピョートル3世を186日後に退位させて女帝となったのロシアの血の流れていない外国人のエカチェリーナ2世。後継者のパーヴェル1世は、愛人だったロシアの士官セルゲイ・サルトゥイコフの子供説に従うと半分ロシア人、ピョートルの子供とすればロシアの血は12・5%ということになります。

パーヴェル1世とヴュテルンベルグ公国のソフィア・ドロテアとの間に生まれたアレクサンドル1世は、セルゲイの息子であればロシアの血は四分の一、ピョートルの子だとすると6・25%。後を継いだアレクサンドル2世は、プロイセン王フリードリッヒ・ヴィルヘルム2世の娘、ロシアの血は半分になるためセルゲイの血をひいていたとしても12・5%、ピョートルの子孫とすれば3・125%になってしまいます。アレクサンドル3世の母はヘッセン大公女マリー、ここでまたロシアの血は半分に、7・25%か1・5%ということに。最後の皇帝ニコライ2世の母マリア・フョードロヴナはデンマーク王の娘、ということはロシアの血は3・6%か0・75%になったということ。「だから何だ」と言ってしまえばそれまでのことですが、血筋を辿ってみると政略結婚を繰り返したヨーロッパの王族や上流社会は、スウェーデン、デンマーク、ノルウェー、ギリシャ、イギリス、ドイツなどはどこかでつながりのある親戚筋。その大多数の家系は今でも脈々と続いているのですから、ヨーロッパの関係は表面にあらわれる政治や外交に微妙で複雑な要素が加わっていることを忘れてはいけないのではないかと思うのです。

政略結婚はかつての日本なら「藩」や「家」、今なら「企業」や「家柄」に「政治」といったところで国内がほとんど。国境を超えたのは満州建設のためのラストエンペラー愛新覚羅溥傑と嵯峨侯爵の娘浩や、李氏朝鮮の皇太子李垠と梨本宮家の方子内親王の結婚くらい。

ポシャってしまった残念な結婚話は、１８８１年世界旅行の帰途日本を訪問されたカラカウア王が明治天皇に山階宮定麿親王（東伏見宮依仁親王）と姪で王位継承者のカイウラニ王女との縁組みを申し出たこと。ところが鎖国をといたばかりの日本はヨーロッパ列強に追いつくことが最優先、「日本にそのような余力はありません」と断ってしまったのです。サトウキビなど権益が目的のアメリカやイギリスから王国を守ろうというカラカウア王の願いはかなわなかったのです。

結局は１９００年４月のハワイ領土併合法によってアメリカの領土になりました。ハワイ王朝最後の女王となったリリオカラニは、宮殿を去る時に世界中で親しまれている「アロハ・オエ」を作詞・作曲しています。もし明治天皇がＯＫしていたら、ハワイは日本。"Remember Pearl Harbor"は起きなかった！とすれば、歴史は大きく変わっていたでしょう。状況判断や外交手腕の甘さ、それともアメリカに気を使ったのか……、その体質はいまだに変わらない。相手も自分と同じ考えという思い込みや、言葉にしなくても察しはつくでしょうというのは日本でしか通用しないというのにね。

ロマノフ末期のアレクサンドル３世とニコライ２世の２人が、后と母后のために創らせたインペリアル・エッグ、はからずもロマノフの秘宝中の秘宝として世界中から注目される芸術品になりました。ピョートル大帝の人工都市サンクトペテルブルクも、エカチェリーナ女帝のエルミタージュもロシアを代表するアイコンになっています。歴史のある国ほど、過去にいろ〜んな体験をしているもの。ロシア革命から１００年が経ち、ロマノフ朝から数えると４００年。はるか昔のように思えますが、人生１００年時代を迎えるというこの頃、それほど遠いことではないように思えるのは年のせいかな？.？

なぜか「悪役」イメージがつきまとうロシア、ピョートル大帝以来ヨーロッパに認めてもらいたくて頑張っていたのは、維新後の日本の姿と重なります。400年以上前から努力していたロシアは、一目置かれる存在に。日本はといえば第一世界大戦でイギリスと結び、第二次大戦ではドイツと、そして戦後はアメリカとお手本を替えた挙句にいつまでも周回遅れ。何故なんでしょうね？

ペリー来航の際にアメリカが分析した通り「権威に弱い」国民性は全く変わらないようで、マスコミという「権威」の発言を丸呑みにして「ロシア（ソ連）は悪い奴」という冷戦時代からのイメージはそのまんま。1991年のソ連崩壊で事情はかなり変化したとはいえ、何かにつけて色眼鏡で見られがちなのがロシア。「国」という塊だけではなく、時代を共有した為政者や一般人という「国民」に目を向けるとそこにはほぼ共通する喜怒哀楽があることに気づきます。人間のほとんどの感情が、国によって違うはずなどないのですから。ロシアだって同じはず。先入観にとらわれすぎると、世界を狭めてしまうことがあるかもしれませんよ。

時代の流れの中で、自分の頭と手を使って懸命に生きてきた人間を変えたのは産業革命と20世紀末になってパソコンが一般化してからでしょう。ITが進化するにつれ、頭や手を使うことに無精になっている気がします。「文明が発達するほど、人間は馬鹿になる」と聞いたことがあります。進歩したつもりで、逆に退化しているのかもしれません。通信、情報収集、お買い物はクリックひとつでできるようになりましたし、ある程度の家事だってAIアシスタントを使えば外出先からだって可能な時代です。自由な時間が増えたはずなのに、なぜか皆さんセカセカしているように思えます。

「人生という試合で最も重要なのは、休憩時間の得点である」と言ったのはナポレオン・ボナパルト。彼は、休憩時間に何をしていたのでしょうね。自由時間の休憩にするべきは、頭を使うことかもしれません。考える葦のはずの人間が考えなくなったら……、なんて、考えるのはやめておくことにいたしましょう。

ユダヤ教の伝承にゴーレムという泥人形が登場します。人間が自分に忠実に仕えさせるために作った召使いのような存在ですが、扱いを誤ると強大な力を持ち破壊的になることがあるというのです。旧約聖書（創世記）にある最初の人間アダムの記述は、神様が土塊をこねて作ったためゴーレム第一号とする考え方もあるのです。確かにその子孫達は強大化、創造主はコントロール不能に陥っているのかもしれません。人類にとってのゴーレムはもしかしたら核やＡＩなのかもしれないと考えれば、これから先の世界はどうなっていくのか気になりますね。ひとつ確かなのは、文化に逆襲されて滅んだ国はないということです。自由な時間があったら、ロシアの人を見習って美術館や博物館に足を運ぶことにいたします。

▼ロシアの暦

私たちが日常当たり前のように使っているカレンダーはグレゴリオ暦という暦ですが、革命前のロシアではユリウス・カエサルがローマで実施しヨーロッパに広まった「ユリウス暦」が使われていました。19世紀に入ってグレゴリオ暦への切り替えが提案されたことが数回ありましたが、教会は反対という次第で、１９０５年には一般的な生活にはグレゴリオ暦、宗教上はユリウス暦という2つの暦を採用する妥協案が提案されました。

16世紀後半に考案されたグレゴリオ暦はより正確なもので、19世紀にはヨーロッパ諸国で取り入れられるようになりました。ですから、ロシアでもこの暦を採用する必要性があったというわけです。

この時点でユリウス暦はグレゴリオ暦に比べると、「13日」も進んだものでした。

革命によってソビエト政権を打ち立てたレーニンは、旧体制、古い伝統や文化、習慣、これまでの法規制との断絶を目指していましたから、「西欧の暦を導入する」法令を発布します。この法令によって、1914年1月31日の翌日は2月14日となり13日のズレを一気に解消してしまいました。2月は28日ですから、ほぼ半月が消えたということになります。さぞかしビックリしたでしょうねぇ。

この暦に手こずっていたところ、興味深い本を紹介していただきました。『文科系のための暦読本——古今東西の暦の「謎」を読む』（上田雄著、石原幸男監修　言視舎刊）というご本。冒頭に「まるで空気のように当たり前」と表現されたカレンダーが、当たり前のものではないことを教えてくれる興味深いものでした。有史以来、世界の各地で様々なカレンダーが……、中でも私が気に入ったのは、冬休みが長～くなりそうな「ロムレス暦」。政治や国家とも切り離すことのできない暦。目からウロコの著作でした。文科系の私の頭でも、理解できましたよ。

という次第の暦ですが、私の本はロマノフ王朝崩壊までですから、文中の暦はユリウス暦です。

あとがき

ものすごい駆け足のロマノフ・ツァーでした。言うまでもなくそれぞれの皇帝を取り囲んでいた親族や臣下、侍女の中には優れた人物、頑迷な人物、進歩的な人物などが多勢いました。もちろん余計なことを吹き込む人物も。いくら皇帝といえども、一人では何もできませんからね。それに話がややこしくなってしまうので、ほとんど取り上げませんでした（歴史に名を刻んでいる皆様ごめんなさい）。歴史好きの野次馬でしかない私のことですから、取り上げたのは私が興味を持ったことに限られてしまいました。なにしろ「近くて遠い国」、そしてなぜか抵抗を感じる人の多い「ロシア」に触れるためのキッカケ編なのですから。

現在の世界を見回してみると、あちらもこちらもガタが来ているとしか思えません。

ＥＵから離脱しようとしているイギリスのBrexit、アン・ブリンと再婚するためにカソリックから離脱したヘンリー8世を思い起こさせるし、移民や経済の問題を抱えるヨーロッパの国々では、現状を不満として極右政党が台頭しています。ヨーロッパ各国でのストやデモで生じる混乱とマヒは、ＥＵ分裂の危機かとも感じるほど。南米ではベネズエラで現職と暫定大統領をめぐる混乱。イランでは保守穏健派の外相が辞任。米中の貿易戦争、米朝の非核化交渉。インドとパキスタンは空軍機の撃墜を巡って緊張。イラク、シリア、アフガニスタン等々も混乱のまま……。

どこかで何かが起きればドミノ式に、というまるで第一次大戦前のような状況に、大げさかもしれませんが「大国」の意図でどうなるかわかりませんね。

「歴史は繰り返す」とよく言われます。時代によって変化するとはいえ、基本は同じというわけでファッションや流行色のトレンドがスパイラル状に繰り返されるのと似ているようにも思えます。つまり「歴史」を振り返ることで、見えてくることがあるということなのです。

大きな違いと言えばインターネットのコミュニケーションネットワークで、国境、人種を超えて、同じイデオロギーや趣味趣向の人達が新たなコミュニティを形成できるようになったこと。ヴァーチャル・リアリティ（VR）の空間で、時間や距離を飛び越えてまとまることができるのですが、これもあくまでVR世界でのこと。量子コンピューターか何かで空間異動が可能になる日がくるかもしれませんが、私にとってはそんな世界より、人間が人間である世界のほうが居心地が良さそうですので、歴史や人物関連の読書に勤しむことにいたします。

「なんでロシア？」と訝しがられて迷っていた私の背中を押して、チャンスをくださったのは言視舎の杉山尚次氏。「ミミズがのたくってもこうはなるまい」というゴチャゴチャ原稿を読みやすくまとめてくださり、チェックを入れてくださった編集の田中はるかさんのお力添えでどうにかまとめることができました。ご協力いただいた皆様に心からの感謝を込めて Спаибо большое（スパシーババリショイエ）（本当にありがとうございました）。

ロマノフ歴代皇帝

フョードル

↓

ミハイル

↓

アレクセイ

↓　↓　↓

②エカチェリーナ１世＝①ピョートル１世　イヴァン５世　フョードル３世

↓　↓　↓　↓　↓

⑥エリザヴェータ　アンナ（姉）　アレクセイ・ペトロヴィッチ　④アンナ　エカチェリーナ（アンナの姉）

↓　↓　↓

③ピョートル２世　アントン・ウルリヒ

↓

⑦ピョートル３世　＝　⑧エカチェリーナ２世　⑤イヴァン６世

↓

⑨パーヴェル１世

↓

⑩アレクサンドル１世

↓

⑪ニコライ１世

↓

⑫アレクサンドル２世

↓

⑬アレクサンドル３世

↓

⑭ニコライ２世

※数字は即位の順番

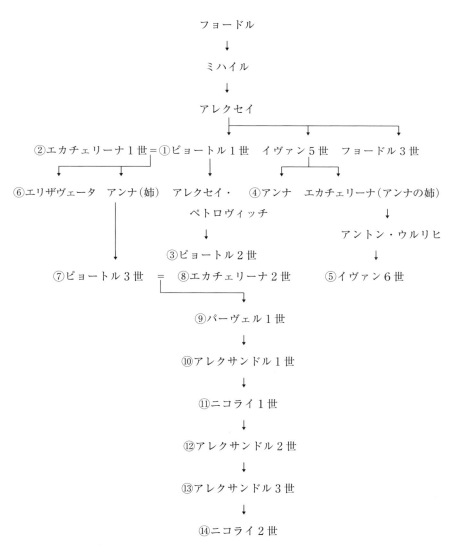

ロマノフ朝　年表

882頃〜1240　ルーシ（キエフ大公国）
913／923　イーゴリ1世即位（在913／923〜945）
945　スヴャトスラフ1世即位（942〜972：在945〜972）
978　ウラジーミル1世即位（960〜1015：在978〜1015）

988　キリスト教（東方正教会）を国教とする

11〜13世紀　内乱とポロヴェッ族（キプチャク族）の侵攻
1136〜1478　ノヴゴロド公国の成立
1240頃　キエフ大公国が分裂⇒「ジョチ・ウルス」による支配
1240年代〜1502　ジョチ・ウルス（キプチャク・ハン国）

1480〜1613 モスクワ大公国
1533　イヴァン4世（雷帝）即位（在1533〜84）

ロマノフ朝
1613　ミハイル・ロマノフ即位（在1613〜45）＝ロマノフ朝（1613〜1917）
1670〜71　ステンカ＝ラージンの反乱
1682　**ピョートル大帝（1世）即位**（在1682〜1725）
1725　**エカチェリーナ1世即位**（在1725〜27）

1727	**ピョートル2世即位**（在1727～30）
1730	**アンナ即位**（在1730～40）
1740	**イヴァン6世即位**（在1740～41）
1741	**エリザヴェータ即位**（在1741～62）
1762	**ピョートル3世即位**（在1762～62）
1762	**エカチェリーナ2世即位**（在1762～96）
1764	スモーリヌイ女学院設立
1772	第1回ポーランド分割
1773～75	プガチョフの農民反乱
1793	第2回ポーランド分割
1795	第3回ポーランド分割
1796	**パーヴェル1世即位**（在1796～1801）
1801	**アレクサンドル1世即位**（在1801～25）
1812～14	ナポレオン戦争
1814～15	ウィーン会議
1825	**ニコライ1世即位**（在1825～55）
1825	デカブリストの乱
1830～31	ポーランドの反乱
1831～33	第一次エジプト・トルコ戦争
1839～40	第二次エジプト・トルコ戦争
1853～56	クリミア戦争
1855	**アレクサンドル2世即位**（在1855～81）
1855	日露和親条約締結

1858	アイグン条約（ロシアと清）
1860	北京条約
1861	農奴解放令
1863～64	ポーランド1月蜂起
1868～76	中央アジア併合
1875	樺太・千島交換条約
1877～78	露土戦争
1878	ベルリン条約
1881	アレクサンドル2世暗殺
1881	**アレクサンドル3世即位**（在1881～94）
1891	シベリア鉄道着工
1894	**ニコライ2世即位**（在1894～1917）
1900	恐慌、労働運動の激化
1904～05	日露戦争
1905	血の日曜日事件
1905	ストルイピンの弾圧政策（1905～11）　農村共同体（ミール）の解体
1914～18	第一次世界大戦に参戦
1917	ニコライ2世退位　（ロマノフ朝の滅亡）
	11月革命　ソビエト政権成立

参考文献

大帝ピョートル　アンリ・トロワイヤ、工藤　庸子訳、中央公論社
女帝エカテリーナ　アンリ・トロワイヤ、工藤　庸子訳、中央公論社
ニコライ2世とアレクサンドラ皇后―ロシア最後の皇帝一家の悲劇　ロバート・K・マッカーシー、佐藤　俊二訳、時事通信社
ラルース図説世界人物百科、原書房
菜の花の沖　司馬遼太郎、文藝春秋
坂の上の雲　司馬遼太郎、文藝春秋
ハイライフ　タキ、井上　一馬訳、河出書房新社
明治維新の舞台裏　石井　孝、岩波新書
怪僧ラスプーチン　コリン・ウィルソン、大瀧　啓裕訳、青土社
人工知能　ジェイムス・バラット、水谷　淳訳vダイヤモンド社
宋姉妹―中国を支配した華麗な一族　角川出版
Chronicle of the Russian Tsars　David Warnes、Thames & Hudson
The Faberge's Imperial Easter Eggs.　Christies Manson & Woods International Inc.
The world's most beautiful egg – The genius of Carl Faberge.　BBC
Faberge's Egg　Toby Talor、Pan Macmillan
International Archive Way Back Machine　https://web.archive.org
Etiquette for girls　Debrett's

［著者］
あまおか けい
大学卒業後マーケティング及び広報の経験を経て、イヴ・サンローラン日本支社に勤務。パリで研修ののち化粧品·香水のマーケティングを担当。サンローランから紹介されたソニア・リキエルと意気投合しファッション・ビジネスに携わり独立。ファッションデザインナーとの仕事を通していわゆる上流階級と親交を持ち、その生活の奥深くに根ざすヨーロッパの文化と歴史、特に時代を彩ってきた人物に関心を寄せている。
訳書『女王陛下のハンドバッグ』（株式会社 R.S.V.P.）、著書に『大人の教養としての英国貴族文化案内』がある。

装丁………山田英春
DTP 組版………勝澤節子
編集担当………田中はるか

大人の教養としての
ロシア王朝物語

発行日❖ 2019 年 4 月 30 日　初版第 1 刷

著者
あまおか けい

発行者
杉山尚次

発行所
株式会社言視舎
東京都千代田区富士見 2-2-2　〒 102-0071
電話 03-3234-5997　FAX 03-3234-5957
http://www.s-pn.jp/

印刷・製本
モリモト印刷㈱

ISBN978-4-86565-141-6 C0022